THE LIFESTYLE

INVESTOR

JUSTIN DONALD

财务自由快车道

[美] 贾斯汀·唐纳德 —— 著
王敏 —— 译

中信出版集团 | 北京

图书在版编目（CIP）数据

财务自由快车道 /（美）贾斯汀·唐纳德著；王敏译 . -- 北京：中信出版社，2022.9
书名原文：The Lifestyle Investor
ISBN 978-7-5217-4528-3

Ⅰ.①财⋯ Ⅱ.①贾⋯ ②王⋯ Ⅲ.①投资－基本知识 Ⅳ.①F830.59

中国版本图书馆CIP数据核字（2022）第134492号

The Lifestyle Investor by Justin Donald
Original English language edition published by Waterside Productions, Inc.
Copyright © 2020 by Justin Donald.
Simplified Chinese Characters-language edition Copyright © 2022 by CITIC Press Corporation. All rights reserved. Copyright licensed by Waterside Productions, Inc., arranged with Andrew Nurnberg Associates International Limited.
本书仅限中国大陆地区发行销售

财务自由快车道
著者：　　［美］贾斯汀·唐纳德
译者：　　王敏
出版发行：中信出版集团股份有限公司
　　　　　（北京市朝阳区惠新东街甲4号富盛大厦2座　邮编 100029）
承印者：　北京中科印刷有限公司

开本：880mm×1230mm 1/32　　　印张：9　　　字数：188千字
版次：2022年9月第1版　　　　　印次：2022年9月第1次印刷
京权图字：01–2022–5219　　　　　书号：ISBN 978–7–5217–4528–3
定价：69.00元

版权所有·侵权必究
如有印刷、装订问题，本公司负责调换。
服务热线：400–600–8099
投稿邮箱：author@citicpub.com

本书献给我生命中最重要的两个女人。

詹妮弗，我美丽的妻子！
你对我的爱、支持和坚定的信心鼓舞着我去激发我的潜能。

萨凡纳，我可爱的女儿！
你激励我学习、成长。我与你分享我所获得的智慧，
希望有朝一日你也能拥有这些智慧。

我对你们的爱无法用语言形容。

金钱只是一种工具,它能带你到你想去的任何地方,却永远无法代替你主导行进的方向。

——

安·兰德

目录

CONTENTS

推荐序一　莱恩·莱韦斯克　　　　　　　　　　V

推荐序二　迈克·柯尼希斯　　　　　　　　　　XI

前言　　　　　　　　　　　　　　　　　　　　XV

第一部分 PART ONE

挑战

第1章　我是谁？你为什么要听我的？　　　　　　003

第2章　找到你的财务自由之路　　　　　　　　　011

第3章　生活方式投资的四项核心原则和十条戒律　019

第4章　为什么选择生活方式投资　　　　　　　　027

第5章　消除常见投资误解　　　　　　　　　　　039

第6章　生活方式投资者的墨菲定律　　　　　　　063

第二部分
PART TWO

戒律

第7章	戒律1：生活方式第一	075
第8章	戒律2：降低风险	095
第9章	戒律3：找到隐性交易	105
第10章	戒律4：迅速收回本金	117
第11章	戒律5：立即创造现金流	127
第12章	戒律6：找到一个收益放大器	141
第13章	戒律7：为交易加码	159
第14章	戒律8：减少"脂肪"	173
第15章	戒律9：善用杠杆	199
第16章	戒律10：让每一美元的投资都能产生收益	213

第三部分
PART THREE

启程

第17章　成为一名生活方式投资者　　227

第18章　准备出发！　　235

术语表　　239

致谢　　259

推荐阅读　　262

推荐序一 RECOMMENDATION I

2019年3月23日,一次交谈永远改变了我的人生。

我的谈话对象是一个叫贾斯汀·唐纳德的人。那天午餐时,他轻轻对我说了几个字,然后,一切都变了,这几个字我会记住一辈子。这几个简单的字让我开启了一段全新的旅程。它们以我无法想象的方式和速度改变了我的生活。

如果你密切关注从这本书中读到的内容,你可能会产生同样的改变。

也许现在你正在工作,收入可观;也许你拥有收入不错的生意,但打理它需要付出时间,说不定要花去你大量的时间。总之,你可能和大多数人一样,都有这样一个梦想:凭借每月获得足够的被动投资收入来支付生活开销(而且不止于此),从而实现财务自由。换句话说,就是让自己不再需要工作。

那就是我第一次见到贾斯汀·唐纳德时的状态。那天是2019年3月23日,星期六。不久前,我加入了一个名为"前排爸爸"（Front Row Dads）的团体，作为团队成员，当时我正在得克萨斯州奥斯汀市参加一次静修活动。这是一个很棒的团体，其宗旨是让成员成为更好的父亲、更好的丈夫、更顾家的男人。就是在那次静修活动中，我第一次见到了贾斯汀。

在那天早些时候的第一次见面后，贾斯汀和我决定共进午餐，只有我们俩。我们聊起了为人父和家庭的话题，聊着聊着，终于聊到了那个不可避免的问题：你从事什么工作？

贾斯汀示意我靠近一些，对我耳语道："我是一个生活方式投资者。"

我环顾四周，确保没有人偷听，我突然觉得我们的谈话变得私密了。"生活方式投资者？这是什么意思？"我问。

他把自己的经历告诉了我，比如，他是如何在30多岁时实现彻底的财务自由的。要知道，他没有获得巨额赔偿金或遗产，而是采用了一种专注于现金流的另类投资方式。

"等等，你的意思是你100%的收入都来自被动投资？"我非常疑惑，"那么，像我这样的人，根据我的情况，该如何起步呢？"

"好吧，如果你感兴趣，我很乐意和你分享。"他回答，"你有多少时间？"

在我继续写下去之前，我先和你说说我过去的经历。我是在30多岁的时候认识贾斯汀的，而在过去10年中，我花了大部分时间创立了一家市值数百万美元的成功企业。我在一个工薪家庭中长大，是我们家第一个上大学的孩子。毕业后，我找到了一份年薪 4.2 万美元的工作。几年后，我为自己打工，年收入达到 6 位数。

最终，我和妻子创建了一家年收入超过 1 000 万美元的企业。当年，我们揣着 5 000 美元的积蓄，在一套 500 平方英尺[1]的公寓中起步。虽然我已经从为别人打工变成了为自己打工，但我和妻子仍然在工作。而且我们的工作量很大。

当然，我们也有了更多的掌控力、更多的自由、更多的收入。我们有良好的理财习惯，我们量入为出，努力工作，继续为我们的未来攒钱……但是，我们仍然在靠工作赚钱。

金钱显然不会为我们打工。

另外，我们有两个儿子，他们在飞快地长大。如果能够完全用被动的每月投资收入来支付我们家庭的生活开支，我们就可以休假，花更多时间和家人在一起，去世界各地旅行，一起创造和工作无关的美好回忆。这样的生活太吸引人了。

但它也像一个白日梦。对像我们这样的人来说，这是不可能的。至少现在不行。也许再过几年可以实现，但前提是没有出现意外状况。

贾斯汀继续深入分享他的经历，分享具体的细节，而我开始默默盘算。奇怪的是，我认为他的方法似乎是可行的。他的方法并不是要利用低成本指数基金在多个资产类别中构建一个多元化投资组合，然后眼巴巴地等待十多年，等复利发挥作

---

[1] 1 平方英尺 ≈0.093 平方米。——编者注

用，也不是争先恐后地把所有筹码都投入最新的IPO（首次公开募股）或最热门的科技股。事实上，它与投资股市或任何公共资本市场都没有关系。

作为一个20岁出头时在高盛投资银行工作过的人，我一方面觉得贾斯汀的方法是离经叛道的，但同时，我又觉得他完全言之有理。

那天，在我们的午餐快结束时，贾斯汀提的一个问题就像出其不意的一记重拳打在我的肚子上。他说："不知不觉中，你的孩子就长大了。如果你现在可以拥有你想要的生活方式，享受你生命中最美好的时光，那么你还等什么呢？"

他说得没错。

聊天结束后，我有了新的关注、新的使命感和立即采取行动的紧迫感。我决定尽我所能，向贾斯汀·唐纳德学习我能学到的一切，紧锣密鼓地开展行动。

就在那顿决定命运的午餐前的几个月，我和妻子曾坐下来一起制定我们的5年财务目标。自从结婚以来，我们几乎每年都会这样做。我们制定了一个雄心勃勃的阶段性财务目标，即在未来5年内获得足够的被动收入（生意以外的收入）来支付我们所有的家庭开支。换句话说，这是一种"有朝一日也许……"式的远大目标。我不确定我们是否相信它的可行性。

2019年3月，在我决定向贾斯汀学习所有我能学到的东西，并根据我们的目标采取大动作后不到6个月的时间里，我们已经实现了5年财务目标中每月被动收入目标的53%！

也就是说,在贾斯汀的帮助下,在不到 6 个月的时间里,我们的收入就达到了 5 年财务目标的一半以上。

我说的是:每月数万美元的收入 100% 来自被动投资收益的真实现金流。(顺便说一句,虽然这样说似乎很疯狂,但我预计,最晚在未来的 12~14 个月,我们的每月被动收入将超过我们的既定目标。) 我们只不过按照贾斯汀的现金流投资十条戒律来做,就做到了。

只要使用贾斯汀在这本书中透露的各种工具、做大量的笔记,并密切关注贾斯汀所分享的一切,你就能做到。

贾斯汀写道:"这并没有你想象的那么难,也不需要那么多钱。"他是对的。但这确实需要正确的关注点、正确的策略,最重要的是正确的老师。

如果说我从我的经商生涯和生活经历中学到了一个"成功的秘诀",那么我可以把它归结为 3 个简单的步骤。

第一步:寻找一位导师,一个**做到了你想做的事**的人。

第二步:投入需要投入的东西,从这位导师那里**学习你能学到的一切**。

第三步:努力**成为这位导师的尖子生**。

就是这样。就这么简单。

对我来说,在我人生的这个特定领域,贾斯汀·唐纳德就是我的导师。我从贾斯汀那儿学到的东西,改变了我们一家人的生活。为此,我永远心存感激。所以,我想对大家说:读读这本书吧。学学贾斯汀·唐纳德分享的一切。最重要的是,将你读到的东西付诸行动。

下次去赴宴的时候,假如有人问你:"你从事什么工作?"你就可以用这几个改变人生的字来回答:"我是一个生活方式投资者。"

莱恩·莱韦斯克
《反直觉询问》作者

推荐序二

RECOMMENDATION II

如果你可以想什么时候起床就什么时候起床，可以做任何你想做的事，并且知道自己已经支付了所有的账单，那么，你会怎样？如果你可以随时随地出门旅行，想去哪儿就去哪儿，并且知道自己拥有令人艳羡的生活方式，那么，你会怎样？如果你可以送你的孩子去最好的学校、穿最漂亮的衣服、开你最喜欢的车、生活在你喜欢的房子和社区中，而且不必担心缺钱，那么，你会怎样？如果你能在没有固定工作的情况下做到这一切，那么，你会怎样？

对我们大多数人来说，这似乎是不可能实现的。但你即将遇到的是一位旨在获得被动收入和财务自由的现金流投资大师，他就是贾斯汀·唐纳德。

贾斯汀身体力行，说到做到。读了"戒律 I：生活方式第一"这一章后，你就会强烈地感受到：这完全是有可能实现的，无论你处于什么样的投资环境。最重要的是，你将很快学会如何投资,而且未必一定要等到你有钱了才能去投资。

几年前,我在斐济遇到了贾斯汀,他立刻吸引了我的注意。我的第一印象是,他看上去像是一个不错的会计师或注册会计师。在逐渐了解他之后,我发现他是一个非常聪明、有创造力的人,他的生活方式是我梦寐以求的,而且他是在极短的时间内白手起家的。此外,他是一个价值驱动、自律、毫不自负、讨人喜欢的人。

在遇见贾斯汀之前,我是一个愚蠢的投资者,但我自己并不知道。我投资了一些股票、共同基金和很多成立于20年前的创业公司。不幸的是,这些投资项目几乎都是股权投资,而且没有一项清算变现。换句话说,我一直在为一大群人提供无息贷款,而未来的业绩或利润毫无保证。真是愚蠢透顶。我是一个成功的连续创业者,30多年来我积累了不少资产。然而,关于如何利用这些资产,我几乎一无所知。

在和贾斯汀简单地聊了20分钟后,他向我介绍了一些现在已经写入这本书的理念,让我重新思考我今后的投资方式。这些理念包括:确保我每月或每季度都能产生现金流,获得股权,洽谈红利,洽谈他所谓的"侧挂车协议"(这类协议的增强型条款能带来更高的收益,能在相对较短的时间内返还本金,并带来利用现有投资或保单为新项目提供资金的好办法)。

与此同时,他还介绍了一些非常有趣、完全合法的方法,这些方法可以帮助我们实现巨额的税收优惠。他还分享了一些选择隐性交易和把握机会的妙招,大多数投资者都不会想到这些。

我唯一的遗憾就是没有早点儿认识贾斯汀。我只想说,我对投资和金钱的看法在那几分钟里发生了改变。

在这本书中,贾斯汀分享了一些独到的策略,通过这些策略,他不需要投资或承担更多风险就能赚更多的钱。他可以通过叠加自己的策略并培养一种独特的心态来寻找通常会被普通投资者完全忽视的大好机会。他将告诉你如何利用你的资源和资产,创建一个独特的投资组合,让你每个月或每个季度都得到收益,从而创造资产净值,并使其增长。你也会由此看出一个伟大投资者和一个杰出投资者的区别,那就是心态的不同。

贾斯汀利用你将在这本书中学到的这些策略,在短短几年内就使自己的净资产达到数千万美元。如果你对贾斯汀本人、他的投资方法和人品的真实性存疑,访问一下他的网站,看一看别人的评价,看一看那些将这些策略付诸实践的人怎么说。你很快就会明白,大多数人并不想花10年以上的时间、冒着数百万美元的风险去赚取贾斯汀在很短时间就赚到的财富。对他们而言,贾斯汀是一个了不起的导师和顾问。

简言之,贾斯汀有一套投资和赚钱之道,无论你处于投资生涯的什么阶段,这套方法都能奏效。你如果有机会直接和贾斯汀合作,那就行动吧。他很忙,许多专业人士都想跟他一起学习,但他从不牺牲自己的生活方式和家庭生活。

成为一名杰出的生活方式投资者的最快方法,就是向正在这样做的人学习。贾斯汀·唐纳德就是你要找的人。

迈克·柯尼希斯
连续创业家

前言

INTRODUCTION

我人生中所有最美好的事物都不需要花一分钱。
很明显，我们都拥有的最宝贵的资源是时间。

——史蒂夫·乔布斯

欢迎来到我的世界！在本书中，我介绍了一些和我的投资方法相关的重要概念。我这么做的目的很简单，那就是我希望你也能成为一名**生活方式投资者**。本书将为你开启一段美好旅程，通往财务自由和梦想中的生活。

当我开始投资时，我厌倦了用时间去换钱的生活。当我知道可以不花太多时间就能轻松获得收益时，我立刻产生了浓厚的兴趣。随着研究和了解的深入，我发现有一群人一直过着我所期盼的生活。我想，为什么我要花那么多时间卖命工作，才能创造出我和我家人生活所需的收入？

我想摆脱束缚，自由支配时间，并获得可观的收入，和家人、朋友共度美好时光，过上我们想过的生活。对我来说这些才是重要的，从一开始就是这样。

最重要的是，我的**心态**是买回我的时间。我想花时间与我爱的人在一起，做让我们觉得有趣、有意义的事情，比如，享受当下（而不是未来的某一天），照顾好我们的身体，以富足的心态生活，并为了我们所爱的人、所追求的事业慷慨付出。生活方式投资让我可以做到这些，甚至更多。

这本书是关于付出和回报的。我想在书中分享我的经验和教训，让你能以你想要的方式去生活。基于我回馈社会的愿望，我将把出版本书的所有收入都捐赠给慈善机构，帮助其他人改善他们的基本生活。

《企业家》杂志上的一篇文章称我为生活方式投资领域的沃伦·巴菲特，这让我意识到，为了掌握打造投资工具箱所需的策略和机制，我投入了多少时间、金钱和精力。我结识了很多培训师和专家，参与了各种活动，组建了一个智囊团，四处奔走。就在那时，我的注意力转移到了帮助他人获得财务自由上。

我的第一步是为投资者、高管和企业家提供私人培训。我建立狮网私人培训小组的一个原因就是：每当分享我对财务自由的愿景时，我经常听到别人回答"这也是我的愿望"。随后，当一年内想要找我做培训的人数超过了我希望培训的人数后，我就开始组建生活方式投资者智囊团。这样的团队环境能为志同道合的人提供培训和互动。通过狮网私人培训项目和生活方式投资者智囊团项目，我进一步提升，掌握了更多能让客户产生共鸣的策略、理念和概念，并将它们编写成书。

我向我的私人客户收取不菲的费用，为他们提供一对一互动式培训服务。我会向他们展示，如何在尽可能短的时间内将生活方式投资者原则和戒律应用到生活中。我的目标是帮助客户快速产生现金流，规避潜在的风险和挫折。

在私人培训中，我也会向客户介绍我接触过的那些交易。我会教他们如何洽谈对自己有利的条款，从而立即开始产生现金流，并获得丰厚的整体回报。我会教他们如何以最小的风险做这件事。我会知无不言、言无不尽地告诉他们怎么做，这样他们就不必浪费时间去理解和贯彻各项原则和戒律——它们耗费了我 20 年时间。本书多次提到这些策略和概念。

为你打造的生活方式投资

本书是我多年来学习和培训的成果，将帮助你找到通过现金流投资实现财务自由的方法。如果遵循书中的指引，你就能复制我的成功。我把这本书命名为《财务自由快车道》，因为我认识的每一个人都与这个书名产生了共鸣。每个人都想节约时间，每个人都想财务自由。

赢回时间的最快办法是投资聪明的培训师和顾问，他们可以把 20 年的知识和经验压缩到 3 个月、6 个月或 12 个月中。阅读这本书是你人生旅途中的重要一步。

如果你想虚心受教，愿意拓宽视野、为你和你的家庭创造一个更有前景的未来，你就是在正确的时间、正确的地点，找到了正确的人。

如何使用本书

本书的第一部分介绍了一些背景信息，包括我是谁、为什么我会考虑生活方式投资。我会介绍生活方式投资者要遵循的核心原则，并且为你揭开最常见的金融神话的面纱，帮助你重塑心态。最后，你会发现生活方式投资者的墨菲定律。你一定不想忽略这些法则。

在本书的第二部分，你将学习生活方式投资者的**十条戒律**。每条戒律都有实例，它们都是我参与的真实交易。首先，我会向你简单介绍一下这项交易，这样你就能看到机会在哪里，以及我为什么要做这笔交易。你会学到一些背景知识，了解我认为这项交易值得投资的原因。为了帮助你更好地掌握现金流投资的相关概念，在每条戒律的末尾，我都分析了交易心态、结构、使用的过滤器和谈判内容。最后，我将对每一条戒律进行总结，这样你就可以把每一章强调的原则应用于你的现金流投资。

第三部分告诉你如何开始踏上你的征程,下一步你该做什么,以及这么做的原因。

你会发现,投资和金融术语贯穿全书。虽然正文已对绝大多数术语做了简短的描述,但你可以在书后的术语表中找到更深入、更详细的定义。

本书为你提供了大量策略,这些策略都是我在培训、教育和研究的过程中,从所接触的大量投资中总结出来的。我希望你也能花点儿时间去研究一下这些颇有价值的资料。

我的建议是,为了消化本书的概念和信息,你不妨多读几遍。它们凝聚了我毕生所学,我不指望你仅仅读一遍就能掌握所有的知识。

准备好开启你的财务自由之旅了吗?

挑战

PART ONE
第一部分

THE
CHALLENGE

· 第 1 章 ·

我是谁？
你为什么要听我的？

你必须学习游戏规则，还要比别人玩儿得更好。

阿尔伯特·爱因斯坦

我很重视向世界一流的投资高手学习的机会，并愿意投入时间去学习。我关注那些睿智的、拥有自己的一套理念并能借此获得成功的人，我会阅读他们的作品，收听他们的播客。作为一名生活方式投资者，我很重视我的诸位导师，并且努力成为他们数一数二的好学生。

终身学习是我成功的关键之一。我在自我教育上投资了近100万美元，参加"新手训练营"和研讨会，向那些培训师、顾问团队和行业专家学习。为了全面掌握投资领域的动态，我潜心研究了房地产、**私募股权**、**公开上市股票**、债务（特别是优先支付的有担保债务）、不良资产、公司运营、特许经营权、电子商务、技术、辛迪加、基金、权利金、**收藏品**、**加密数字货币**等等。

简言之，我希望全面了解、熟悉所有投资领域，并对我筛选和选择投资交易的标准进行测试与评估。

在刚开始投资时，我不知道自己的标准是什么，仅主观判断某个项目是否合理。但经过几年的自我教育和对我所选择的投资类型的分析，明确的标准出现了。我是怎样下意识、连贯地做出这些决定的呢？这些标准给出了简明的答案。

▶ 基本价值观

我在工薪家庭中长大。我的父母都信奉基督教，他们都很善良。在我家，他们是诚实和正直的模范。我受到的教育塑造了我的价值观。

我母亲在我们常去的教堂做了 20 多年全职秘书，她是个健谈的人，总是把他人放在第一位。她教我如何与他人保持密切联系、积极面对冲突并建立良好的人际关系。

在我年少时，父亲在大多数时间内从事销售工作，销售汽车和电器。我从他那里学到了宝贵的工作经验。他工作时间很长，经常从早上 7 点一直忙到晚上 9 点，每周工作 6 天，偶尔会早点儿回家。他想给我更好的生活，不想让我那么拼命地挣钱。他的榜样力量为我的成功奠定了基础。他的工作理念对我影响至深。

父亲还教会了我如何判定并实现目标。我看到他为了实现目标多么努力地工作。他制定了每月的目标，以完成业绩指标，赢得奖金。他与我分享了这些目标，还告诉我如何将它们分解成一个个战略行动。他把制定目标和实现目标的要点教给了我。

其他家庭成员的价值观也影响了我。我的弟弟在他 18 岁时参了军，自豪地为国家服务了 7 年，并多次前去海外执行任务。这些年来，在心态、自律和勇气方面，我从他身上学到了不少。

▶ 工作理念

我还记得，在读七年级时，我曾经向父母要零花钱。他们的回答是："你需要一份工作。我们不会成为你的收入来源。"所以，我开始挨家挨户地推销报纸。我有和我父亲类似的奖金制度——如果订阅用户达到一定的数量，我就能获得奖金。我把这个数字分解成每天的任务量，然后努力干活以实现我的目标。

一开始，我屡屡遭到别人的拒绝。对销售人员来说，要想听到一声"好的"，就要听很多声"不要"。渐渐地，我对"不要"这个词产生了免疫力，我不再把它放在心上。很快，我就成了销售冠军，这个冠军头衔一直保持到高中毕业。根据季节的不同，我每天晚上工作 4~5 个小时，每周工作 3~4 天。我每周的收入为250~500美元。我有足够的钱去旅行、娱乐，和朋友们一起玩耍，我喜欢这种感觉。

我的朋友们对我挣多少钱很感兴趣，所以我找了几个朋友和我一起干。我很快就有了一个团队，他们为我推销报纸，这让我尝到了当领导的滋味，尝到了利润的甜头。一开始，团队合作很难，我发现，并不是每个人都有做销售的天赋。然而，随着时间的推移，我学会了如何雇用努力工作、具有天赋的人，我建立了一支由我领导的销售团队。

我独创的一套销售话术非常成功，因此我的老板让我把它写下来，让其他人效仿。那是我的第一套销售话术，我用它来培训我团队中的所有新成员。我们在写字板上列出了一些我在话术中使用的元素，包括"勤工俭学"、通过社会实践争取奖学金等。当我的团队开始使用这套话术后，我就开始面临更激烈的竞争，因为所有人的销售业绩都提高了。不过，在大多数时间里，我还是能通过合适的方法使自己的销售业绩比其他人更好。

▶ 竞争动力

我一向好胜心强，在工作中如此，在娱乐时也是如此。完成以前未做过的事情的想法，是最能激励我的因素，远远超过金钱奖励或其他外在奖励。我的好奇心让我乐于学习。我喜欢那种制定目标、设法实现目标，而且知道自己正在尽最大努力的感觉。

我最喜欢的游戏更注重策略而不是运气。从尤克牌、金拉米、21点、卡纳斯塔等纸牌游戏，到线索、冒险和西洋陆军棋等桌面游戏，再到雅达利公司的疯狂迷宫、塞尔达传说和马里奥兄弟等电子游戏，我的好胜心给我带来了不少优势。

好奇心很重要，它会让你乐于学习。

各种竞技运动强化了我对成功的渴望，也让我明白做事应竭尽全力。在六七岁时，我参加了一个运动团体中几乎所有我能参加的青少年运动，主要是棒球和足球，不过我也经常打排球和篮球。不擅长某件事并不是一成不变的。通过坚持不懈地了解、练习、训练，我最终成功地把不擅长的运动变成了擅长的运动。

我喜欢团队成员之间的友情，但我讨厌失败。我有一段特别痛苦的记忆。年少时，每当在棒球比赛中三振出局时，我都会哭。我会眼泪汪汪地回到休息区。起初我不知道自己为什么哭，但后来我意识到，那是因为我让团队失望了。我从来都不想让团队失望。

▶ 家庭时光

我是一个丈夫、一个父亲。在和妻子组建家庭时，我不想用时间来换取金钱。我认为，我女儿人生中的每一次比赛、演奏会和重要活动现场，都应该有我的身影。在我女儿很小的时候，我就选择了一种不牺牲亲情的工作方式。我对给我和家人打造一种自由的生活非常重视，而我打造的就是这样一种生活。

就在我 40 岁生日前的 21 个月里，我的投资为我带来了足够的**被动收入**，让我和妻子都能辞去原本的工作。

该工作的时候要努力工作，但不要以亲情为代价。

在不到两年的时间里，我和 100 多家公司谈生意，这让我的净资产成倍增长，达到了 8 位数，并形成了一种以家庭为中心的生活方式。两年后，我的净资产又翻了一番。

▶ 生活方式投资可以奏效！

现在，我已经掌握了低风险现金流投资的若干原则，我将我的经验和策略与世界各地的企业家和高管分享。在这些文章中，我分享了一些让自己从日常工作中解放出来并创造被动收入和可观财富的原则。

生活方式投资可以奏效。我成功了，我的很多朋友和客户都成功了，我也知道你该怎么做。无论你的投资生涯处于什么阶段，我的投资方法都能在你身上奏效。

· 第 2 章 ·

找到你的
财务自由之路

我的父亲鼓励我们要勇敢经历失败……
在我很小的时候,父亲的鼓励就改变了我的思维模式。
失败不是某种结果,失败是没有尝试。不要害怕失败。

——

萨拉·布雷克里

这些年来，我一直在研究人们的心态，比如，是什么让他们维持现状、毫无进展，他们渴望什么。此外，我已经弄明白我想要什么了。这很重要，因为别人想要的，不一定是我想要的。如果我清楚地知道我渴望得到什么，并且坚定地践行我的原则，那么管理财务就变成了一种游戏。我有玩儿游戏的自由。如果你达到了这个层次，那么你也可以玩儿游戏。

要想成为一名生活方式投资者，并拥有成功的**现金流投资**的生活方式，你要确定什么样的生活方式适合你。你想要什么样的生活？你为什么想要这样的生活？明确这些问题的答案后，你会做好准备，迎接下面的三个阶段，实现财务自由。

▶ 财务自由

财务自由有不同的阶段。每个阶段都很重要，它们能够给你带来动力，帮助你创造你真正渴望的生活。

- 第一阶段：支付你的最低生活开支。
- 第二阶段：保持你现在的生活方式。
- 第三阶段：过你梦想中的生活。

如何度过这些阶段取决于你自己。本书要介绍的是，作为一名生活方式投资者，你该怎么做。

第一阶段和第二阶段涉及的是普通工薪阶层的基本生活需求。然而，要想进入第三阶段，你必须评估并正视自己的心态。这种心态限制了你如何看待投资、你赋予金钱的价值以及你如何让金钱影响你的生活。在第三阶段，你可以基于每月的现金流而不是每年的现金流，过上你想过的生活。财务自由能让你停下你不想做的事情，自由地做你想做的事情。

你可以把你的生活设计成你想象中的样子，按照你自己的意愿生活。虽然钱不能解决你所有的问题，但它会解决你的财务问题。

当进入按照自己的意愿生活的阶段时，你会经历彻底的心态转变。你将从匮乏心态转向富足心态。你将意识到金钱是实现目标的工具，而且你不会一心只想管住手里的钱，节俭度日。在这个阶段,你明白了匮乏心态并非最好的,带着富足心态去生活才更有意义。

> 如果你改变了看待事物的方式,那么你看到的事物也会随之改变。
> ——韦恩·戴尔

▶ 现金流投资

许多人投资一家公司,实际上是在一段长度未知的时间内为其他人提供零利率贷款。在此过程中,他们购买对方的股票,并坚信总有一天能拿回自己的钱。这种投资方式更像一种赌博。如果没有掌握足够的信息,不能深入了解一笔交易的情况,无法谈下一笔合算的买卖,他们就不是在投资,而是在掷骰子,并寄希望于掷出自己想要的点数。

这种投资方法也许适合你。但我认为,如果一项投资没能让你实现财务自由,预期收益很低,或者让你在10年、20年中都得不到收益,这项投资就没有意义。创造现金流是我建立投资组合的重要目的。我不仅希望收回投资本金,而且希望能以最快的速度从投资中获得现金收益。

现金流投资指的是现金以某种方式定期(可以是每月一次、每季度一次或其他频率)流入,目标是它以一种

大多数人对金钱的心态存在一定的问题。有些人对金钱的态度是矛盾的,但意识到了这一点;也有一些人对金钱的态度是矛盾的,但没有意识到这一点。

可以让你维持生计的方式流动。被动收入意味着这些收入不是建立在工作的基础上，而是建立在资产和不需要你（在多数情况下）或其他人花费时间获取资金的基础上。

我的目标是在投资的第一个月产生现金流。对某些投资来说，这个目标并不现实。第一次收益分配或许要等到一个季度甚至更长一段时间之后才有。但对新投资者来说，能立即提供一定数量现金流的投资，才是最理想的。

我对每项投资的最终目标取决于交易的细节以及投资的**抵押**程度（这里指的是本金投资的安全性）。这也取决于我在投资期间能从本金中赚多少钱。如果收益很高，我就可以让我的本金在投资项目中停留更长时间，因为我从那笔钱中获得了很好的回报。然而，大多数时候，我喜欢尽快收回本金，因为即使我的初始本金得到偿付，我的股权头寸也会保持不变。我想把这笔本金拿回来再投资其他交易。对我来说，最理想的情况是，在一到两年内收回本金。

某些不动产投资可能无法让我们尽快收回本金，但我们仍有可能在 3 年内收回本金。这个时间范围对我来说是可以接受的，但是，如果时间再长一些，我就很难接受了。不动产投资和**债务投资**是我最喜爱的两项投资。我先简要介绍一下，后文中还有更详细的介绍。

▶ 不动产投资

在投资不动产时，位置和结构很重要。投资位置不错的不动产可以降低风险。例如，你不该投资只有一家大公司的城镇。如果那家公司倒闭，那么整个城镇都会受到波及。如果全城经济低速发展，房地产就会贬值，难以保持入住率，也更难出售。

我更喜欢在人口多、经济增长强劲的大城市投资。我喜欢研究关键指标，这些指标通常意味着较高的入住率。这些指标包括：一个拥有大量大公司的市场、强大的医疗保健供应商、一些良好的教育项目、几所大学。

你的房地产投资**结构**也很重要。你可以寻找那些能给你带来很多回报选择的交易。例如，你可以投资某些房地产**资产类别**（一组表现相似、受到相同市场因素影响的投资组合），它们能为你提供获得长期股权的机会，让你获得产生现金流的**优先收益**。优先收益是一种利润分配偏好，比如先把利润分配给**普通合伙人**，**再分配**给投资者，普通合伙人负责日常运营，能够获得任何利润。这样你能立刻拥有现金流。

此外，你还希望投资能迅速收回本金的资产，并且保持原有的股权头寸。这种快速的本金回报和即时现金流允许你进行其他投资项目，并创造更多的股权头寸和额外的现金流来源。

▶ 债务投资

我是债务投资的忠实粉丝，我喜欢以抵押物为保障的债务投资，这种债务投资的利率很高，每月都能产生现金流。在这类投资中，你通常可以获得一笔**额外激励**。这是一种额外的福利，你可以通过谈判获得，而且通常是免费的。下面是一些额外激励的例子：

- 股权：资产所有权的一定比例。
- 认股权证：在未来以特定价格购买股份的期权。
- 收入份额：支付给投资者的总收入的一定比例。
- 利润权益：基于公司未来价值的股东权益。

创造额外激励的方法有很多。我喜欢灵活一点儿，保持创造性，想出最适合我和我家人的方法。一开始，这些额外激励似乎只是蝇头小利，但随着时间的推移，如果你不断加入多份额外激励，复合效应就会出现。如果你选择谋求额外激励，那么作为一名投资者，你可以收回每项投资的所有本金，同时还能保有额外激励，从而参与公司的长期发展或进行投资。最棒的是，这些额外激励不需要额外的付出。

在通过检查自己的心态、明智地选择投资项目以找到通往财务自由之路的过程中，这些方法将给你带来帮助。

· 第 3 章 ·

生活方式投资的四项核心原则和十条戒律

我的第一条人生指导原则是:
做该做的事,而不是做容易的事。
在每一个做出抉择的时刻,都选择该做的事,
而不是简单的事,那么你必然成功。

——

哈尔·埃尔罗德

我做出的每一笔投资，都以四项核心原则为指导。在本书的第二部分，我将根据这些原则阐述我进行投资的十条戒律，并引导你了解如何将四项核心原则应用于每一条具体的戒律。现在，我简单地向你介绍一下这些原则和戒律。

▶ **原则1：心态**

你所做的最好的投资，就是投资你的**心态**和个人成长。没有人能夺走你获得的知识和受到的教育。从沃伦·巴菲特到本杰明·格雷厄姆、瑞·达利欧、约翰·邓普顿、乔治·索罗斯和约翰·博格，他们都能够把握自己的思想，掌控自己的恐惧，因此成为世人的楷模。对你来说也是这样。

我在自我上投入了大量的资金,我每年都阅读100多本书,因为在我的投资组合中最重要的投资是终身学习和个人成长。对任何投资项目来说,心态都会引导我的选择。

▶ 原则2:结构

你想知道如何在零风险的情况下让你的**投资收益率**(ROI)翻倍吗?学学如何组织更好的交易结构。**结构**是指协议中具体条款之间的关系。

我非常擅长安排**交易结构**。我投资的几乎每一笔交易都必须产生可预测的、经常性的现金流。理想的交易是能带来现金流和股权并迅速收回本金的交易。你将在后面的章节读到"**策略叠加**"这种方法,这是一种结合多种策略、以低风险获得更大收益的方法。

▶ 原则3:过滤器

判断一桩交易是好是坏、是该拥抱还是尽快逃离,最快的办法是什么?使用过滤器!**过滤器**是用来筛选投资项目、缩小投资范围的标准。使用过滤器筛选投资可以节省大量时间,创造更高的效率。

我开发了一些复杂的过滤器和决策树，用来判断一个机会是否符合我的标准，是否应该采取行动。这些过滤器经常帮助我发现**隐性交易**（稍后会详细介绍），并能让我避免因为选择太多而不知所措。如果我的过滤器足够好，我就可以花更多的时间来评估高质量的投资。

▶ 原则4：谈判

谈判是我投资策略的核心部分。所有的投资机会都是可以商谈的。谈判并不一定是冲突性的或对抗性的。因此，永远不要以为投资意向书就是最终的结果。

通过谈下独一无二的优惠条款，我至少多创造了700万美元的资产净值。许多投资者和投资公司常常被我吸引，因为我经常叠加多种策略，通过额外的股票、认股权证、顾问股份和其他各种交易条款，获得更高的收益，通常还能降低相关费用，争取到较低的最低投资额度。我谈判的目标是达成共赢的条款。由于我的谈判方式与众不同，许多曾经与我合作的公司和投资集团在今后出现投资需求时，都会首先和我联系。

▶ 十条戒律

多年来，我的朋友们一直建议我写一本书，分享一下我的投资原则、戒律、策略和秘诀。一开始，我并不清楚这些到底是什么。但在回顾做过的所有交易之后，我发现了固定的模式，以及我指导投资的准则。在接下来的章节中，针对每一条戒律，我都会分享一个或多个投资案例，以说明你该如何将它们应用到每一次投资中。

投资成功的关键是，拥有类似"十条戒律"那样的准则来指导你的投资决策。你的准则能让你在深思熟虑之后进行投资，不感情用事。如果你有经过慎重思考的准则，并且你的潜在投资项目能够满足每条准则，那就预示着这个投资项目是不错的。

如果继续阅读下去，你就会注意到，我在书中列举的大多数投资案例都适用于十条戒律中的大部分（如果不是全部），而不仅仅适用于援引了这个案例的那条戒律。我不会反复说明这一点，所以，你一定要想一想：每一个案例、每一项投资是如何符合这十条戒律的。

生活方式投资者的十条戒律

- 戒律1：生活方式第一

  你的投资收益应该是真正的被动收入，而不是付出时间换来的收入。被动收入是指你在睡觉或放空时也能获得的收入。

- 戒律2：降低风险

  优化交易结构，使风险最小化、收益最大化。

- 戒律3：找到隐性交易

  观察新兴市场和另类投资机会，包括具有颠覆性的新技术或处于重塑阶段的公司。

- 戒律4：迅速收回本金

  你能在一到两年内收回本金吗？你收回本金、再次投资的速度越快，你的投资就越赚钱。

- 戒律5：立即创造现金流

  你能谈下可获得每月或每季度现金流的交易吗？

你拥有的现金流越多,你的生活方式就越有保障,现金流还可以用于其他投资。

- **戒律6:找到一个收益放大器**

  洽谈优惠条款或侧挂车协议,以增强利润潜力。

- **戒律7:为交易加码**

  考察各项优惠和条件、优化交易,以降低风险,寻求更高的收益和长期价值。

- **戒律8:减少"脂肪"**

  消除任何不必要的费用,包括中间人、银行和其他金融机构的费用。

- **戒律9:善用杠杆**

  无追索权贷款是在投资项目表现不佳时保护投资者的一种策略。有时,与金融机构合作带来的好处,会让你觉得付给它们的费用很值得。

- **戒律10:让每一美元的投资都能产生收益**

  如果聘请了专业人士(例如,法律、税收和财务

> 团队）来帮助你，那么你在和他们共事的时候，要记得问他们一些问题，让自己受益。你要清楚他们在做什么，为什么他们认为那样做是最好的。你做这些事的目的是：在他们离开时，你懂的知识比聘请他们时更多。

· 第 4 章 ·

为什么
选择生活方式投资

目标不是拥有更多的钱,而是按照自己的意愿生活。

——

威尔·罗杰斯

也许你已经到了这样一个人生阶段：你已经认识到或者能够认识到，与富有密不可分的是你的心态、行为、自律能力和思想观念，而未必是你口袋中或银行账户中的钱。通过学习生活方式投资的核心原则和十条戒律，你就能顺利进阶。

▶ 自由

你之所以阅读这本书，很可能是因为你渴望得到摆脱忙碌工作，按照自己的意愿生活的自由。你想要拥有更多的选择、更强的能力，随时随地以你喜欢的方式做你想做的事，不受任何限制。

你希望自己在想休息的时候就能休息。你希望自己有能力把孩子送进最好的学校，选择最好的品牌，购买最好的产品，在世界各地度长假，给伴侣和所爱的人创造美好的体验，给他们精美的礼物，而不需要问"这个多少钱"。也许更重要的是，你不想再经历没有钱的恐惧感和匮乏感。

假设你是一名企业家，由于想要获得赎回时间的自由，不再为别人工作，你选择了创业，可结果你发现，在无意中你成了自己事业的奴隶。你可能被一个只够维持你的开销或现有生活方式的企业束缚住了。是的，你是你自己的老板，但拥有自己的企业可能会让你身处不同于其他就业方式的激烈竞争中。这是一场质量更高的竞争吗？当然，但这仍然是激烈的竞争，它会不断蚕食你的时间。更糟糕的是，它悄悄地偷走了你的时间，有时你甚至没有意识到。

作为一名投资者，你如何成长：让自己做一块海绵，学习你能学到的一切，每一天都比前一天多付诸实践一点点。

企业家也会遇到现实生活中的种种问题和麻烦，这一点和公司的雇员是一样的。不幸的是，许多企业家并没有过上财务自由的生活，或者在很长一段时间内，都无法拥有这样的生活方式。告诉你一个好消息：有一种方法可以帮你赎回时间、支付费用。解决费用问题后，你就会有更好的表现，无论是在生意上，还是在家庭生活上。

▶ 只不过是在混日子

你可能是一家公司的员工,正在机械地工作、生活。你不喜欢自己的工作或职业,但是,为了工资,你无法脱身,所以你觉得自己被工作困住了。我在这里告诉你一个好消息:你可以按照自己的意愿生活,以一种给你带来激情、能量、活力和生命力的方式生活。你不必在天还没亮的时候就被闹钟叫醒,赶早高峰去上班,为别人打工,替别人赚钱,做自己并不喜欢的工作。然后,日复一日、年复一年地重复这样的生活。

每天,你去给别人打工,而你给老板、公司或组织赚的钱,比你给自己挣的多得多。更糟糕的是,老板还认为你应该对他们提供的这个就业机会心存感激。在你缴纳税款、支付账单之后,剩下的钱就是你的全部资产。我之所以知道这些,是因为我也是过来人。我们大多数人都受到固定思维模式、习惯或常规的影响,被这种谋生方式束缚着。是否被聘用和收入多少都由他人说了算,你没有决定权。这个模式糟透了,但结束这种状态的方法其实比你想象中的更简单。

如果你有一份热爱的工作,和老板关系不错,而且拥有养老金账户,那么,祝贺你,至少从目前来看,你是游戏中的幸运儿。但是,你只是少数派。这个游戏还是受到操控的。

支付生活开销所需的钱,并没有你想象的那么多。

▶ 需求无度的生活

我曾经生活在那种非常糟糕的模式中。我会定好闹钟,在固定的时间起床,因为我担负着各种职责。一般来说,我起床后的第一件事就是召开电话会议,通常是在早上 6 点或 7 点。如果我的一天不是以电话会议开始的,我就要向负责人确认,是不是出了什么岔子。幸运的是,我不需要一整天都待在办公室里。我经常很早就醒来,在正式上班前先去健身房锻炼,因为我觉得这是我唯一能够用来锻炼的时间。

在那种生活模式中,一切都是匆匆忙忙、令人应接不暇的。我没有什么时间思考。做完一件事后,就要去做另一件事;开完一个会议,就要开下一个会议,几乎没有时间排解压力。尽管我试图提前安排日程,但我的大部分时间还是会花在应对和解决各种突发问题上。我想,那毕竟是我的工作,不是吗?

下班后,我筋疲力尽地驱车回家。既要完成各种工作,又要赶回家吃晚饭,这很难做到。虽然我把回家吃晚饭放在首位(因为和家人在一起很重要),但我总觉得回家后脑子里还在想工作上的事。我积极参加各种活动,然而,我感到压力重重,我总觉得我可以做更多事情,我做得还不够,我可能错过了创造更多收入的机会。无论什么时候,只要我抽出时间休息,那就意味着第二天我得加倍工作。

一个销售大区的需求是无穷无尽的,例如工作日和周末出差、董事会会议、季度会议、每周电话会议、团队运作、公务拜访，以及其他义务。即使在经济不景气的时候，这些需求也一直存在。然后，夏天来了。我的教师妻子和我的学生女儿都放暑假了，但对我的工作来说，这是最具挑战性的季节。我的家人最空闲的时候，是我最忙碌的时候。我常常一天工作 10 个小时以上，一周工作 6 天。这样的循环永远不会结束。

虽然那个阶段的生活状态并不理想，但也并非一无是处。我感谢那段时间收获的机会、经验、知识、技能和我遇到的很多了不起的人。他们中有许多人至今仍然是我最亲密的朋友。这段充满压力的时期塑造了我对人生的看法，让我能做出正确的选择。它迫使我调整生活方式，让我的生活方式和我的价值观保持一致。

▶ 按照我自己的意愿生活

现在，我不会每天早上醒来后就去健身房，紧接着赶去上班。我会花些时间去思考、写日志、阅读。我的信仰对我来说真的很重要，所以我会花时间做祈祷，因为这为我在一天中的表现奠定了良好的基础。

当家人醒来的时候，我已经准备好陪伴他们了。我们每天早上都有时间打牌、聊天、听音乐、伴随着我们喜欢的音乐跳舞或者一起阅读。我女儿去上学后，我就去健身房。在与家人共度美好时光，完成心理保健后，我会进行身体保健。在一天中，这些时光对我来说是最重要的。在开始其他必要的日常工作之前，我都会先完成这些事。

健康对我来说非常重要。我一直关注最新的研究成果和健康理念，比如间歇性断食和以天然食品为主的饮食。通常，我每周都会进行深层组织按摩，并根据需要进行脊椎矫正。我每周至少会选择一个早上打排球、一个早上去郊外骑马。另外几天，我会练习轻量举重，然后做一些有氧运动。

当工作结束后（我可以选择让它早点儿结束），我会和妻子、女儿一起吃晚饭。晚饭后，我会尽可能多地陪伴我的女儿。在她睡觉后，我和妻子就能享受二人世界了。这样安排的最大好处是，我和妻子现在拥有融洽的关系。我可以专注于我的妻子、我们的婚姻、我们的家庭，这满足了她对爱的需求。

至于每周的时间安排，我喜欢以一种启发灵感的方式开始和结束我的一周。我把星期一留给启发思考的活动，把星期五留给有趣的活动，比如出门旅行、家庭出游、和妻子约会、和朋友们欢度时光。星期二、星期三和星期四是我做项目的日子。在这三天里，我至少会安排一天，约其他人一起吃午餐或喝咖啡，与值得我学习的人见面。

我喜欢和能激起我好奇心的人见面，这对我来说是必不可少的。正如我先前提到的，强烈的求知欲让我乐于学习。我的目标是每周认识一到两个新朋友。如果能做到这一点，我

自由体现在时间，而非金钱上。

会觉得这一周我过得很成功。生活在得克萨斯州的奥斯汀,我发现我有很多成长进步的机会,比如向有创意的企业家、投资者、科技先锋,其他有天赋的专业人士、团队和公司学习。我寻找灵感、新的学习机会,还寻找其他和我做同样事情的投资者,这样我们就可以互相学习了。

我会带家人一起旅行,这样我们就可以一起参加有趣的家庭冒险活动。这让每个人都朝气蓬勃、精力充沛、充满活力。此外,我和妻子每个季度都会去一个我们最喜欢的新目的地旅行两三天,每年都会有一次一周左右的旅行,这能让我们保持融洽亲密的关系,并享受新奇有趣的体验。我们每年都会预留一些时间用于家庭旅行。有时我们会和其他家庭或朋友一起度假,度过美好而有意义的时光。

我和妻子认为,我们各自去旅行也很重要。她每年都会和闺密一起旅行,我会和我的男性朋友一起旅行。我们喜欢这样的旅行,这样我们就可以和最亲密的朋友保持密切联系。

作为一名企业家,我每周会腾出两个小时,关闭通信工具,不受干扰地进行冥想,从而积极主动地创造我期盼的生活,为我的事业、家庭和我自己助力。我的底线是,必须认真对待自己的精神、心理和身体健康。这一日常练习赋予了我能量,让我能在家人、朋友、生意伙伴和同事面前有更好的表现。这也带来一种复合效应。建立并遵守良好的日常习惯,能让你更清晰、更智慧、更从容地思考。

我喜欢我所做的事,因为我可以选择我的工作内容,包括和谁一起工作以及什么时候工作。我从学习和指导别人的过程中获得了一种成就感和满足感。我的生活方式允许我按照自己的意愿生活。当然，我仍然需要做一些工作，但那些是我自己选择的工作，所以我乐在其中。

家庭第一，工作第二。

然而，比任何事情都重要的是，我如何安排我的每一天。我重视与家人相处的时间，而不是永远工作优先，然后再考虑其他事情。过去，我会先做和工作有关的事情，然后找时间做其他事情，包括陪伴家人、体育锻炼和娱乐休闲。但这对我来说行不通，也没有给我带来我渴望的那种充满活力的生活。而现在，我把家庭放在第一位，把身体健康放在第二位。以前，我像机器一样工作。所有耗费脑力和体力的工作都是有代价的，代价就是牺牲我的健康、家庭和个人生活，限制我的自由。以后我再也不会这样了。

▶ 按照你自己的意愿生活

有些人没有意识到自己被束缚了，但这只是时间问题。一份新工作给人的感觉很好，直到一段时间之后，好像被一条无形的锁链束缚着的感觉才开始显现。对一份工作心存感激固然很好，但明智地选择更好的机会、按照自己的意愿生活也不错。

不妨换个角度来看。你并不是一定要做一份工作，才能获得维持生活所需的收入；你也不是一定要让生活开销等同或高于你的收入。那样的心态会导致一种真正的心理障碍，让你成为你的生意或你的收入的奴隶。选择什么样的工作、如何支配时间、想挣多少钱、想要的生活需要花多少钱……你对这些越了解，你对自己的决定就会越清楚。不要被你的日常工作或生意束缚。

我的使命是帮你赢回时间，这样你就可以有意识地思考，你打算以何种方式、在哪里、和谁一起度过美好时光？我希望你能按照自己的意愿生活。

我相信任何人都能发生这样的转变。它始于一个承诺：你要赢回你的生活、你的时间。一开始，这更多地是一种心理上的转变。但只要你在大脑中按下这个开关，你的行为就会发生改变。你会采取行动，为你想要创造的生活铺平道路。

我在寻找这样的人：他们思维开阔，如果认为现状未必适合自己，他们就愿意考虑换一种生活方式，愿意选择按自己的意愿生活。我想让你体验过上自己梦想中的生活的那种自主和自由的感觉。我希望你们现在就能激发热情，去创造理想的生活方式，而不是等到退休之后。

社保、投资、储蓄和健康，这些没有一项是绝对有保障的。

重要的是成为一个生活方式投资者，而不是选择投资者的生活方式。

为了获得财务自由，你也许会花大量时间工作而忽视了你的家人。但当你最终实现财务自由时，你的家人可能已经因为死亡、离婚或其他不可预见的情况离开你了。也许你在追逐一些你当时认为重要的事情，而这些事正是你的家人离开你的原因。如果现在就能拥有你梦想中的生活方式，享受人生中最充实的时光，那么你还等什么呢？

运用本书介绍的策略，你的生活将会出现转变，就像我的生活那样。但转变不会在一夜之间发生，可能需要1年、5年，甚至10年。但在未来的某一时刻，你一定能摆脱枯燥无味的工作，按照自己的意愿生活。你还年轻，有大把的时间享受成功带给你的全新的生活方式，为什么不趁现在就去做一名专业的理财高手呢？

你将面临种种障碍，良好的训练是获得财务自由的必要条件。就我而言，直到我的投资收入取代了我的**劳动收入**，我才知道应该如何赢回我的时间、专注于我最想做的事。我赢回的充裕时间让我可以把精力转移到创造更多收入上，同时享受丰富的个人生活。

我现在的状态不是我需要工作，而是我想去工作，我每天醒来不用思考今天要怎么赚钱。我选择从事的活动未必一定要带来收入，因为我的被动收入足以支持我的生活方式。

▶ 掌控你的未来

不久前,一位先生在听了我的一次采访后打电话给我,希望我能点拨他。他说:"我在人生的很多领域都取得了成功。按照大多数人的标准,我已经在商界获得了巨额的财富、崇高的地位,但我缺乏你那种生活方式。"现在,你也许能猜到我对他说了些什么。

尽管提升生活品质似乎有点儿遥不可及,但它是可行的。你凭借你做的决定、你采取的行动,掌控着你自己的未来。你会在本书中看到一种不一样的投资和生活方式。它不像你想象的那么困难,也不像你想象的那样费钱。

这并不意味着要以储蓄的方式积累数百万美元,而是一次次投资能产生被动收入、为你的生活方式买单的资产。你可以自己直接投资,也可以和管理、运作这些资产的经验丰富的团队合作,或者作为有限合伙人进行投资。

如果把现在每个月的生活开销分解一下,你就会发现,支付这些开销所需的金额可能比你想象的要少得多。了解你到底需要多少钱来支付自己的生活开销,并永远摆脱激烈的竞争,会让你大受鼓舞、大开眼界。

去掌控你的未来吧!

· 第 5 章 ·

消除
常见投资误解

风险来自你不知道自己在做什么。

沃伦·巴菲特

现在我对金钱的看法和过去迥然不同。在我们继续说下去之前，请注意这一点：不要随大溜。大多数人都在负债，而不是在积累财富。本书的目标是向你展示如何成为一个生活方式投资者——无论你目前的财务状况如何。

如果你是那种愿意投资某个项目，然后等10年或更长时间来获得投资回报的人，那么我可能不是你想要找的人。我关心的是如何快速取得成效，尽快赚钱。我发现了一些特别有创意的方法，这些方法可以帮助我发现非常规的交易、洽谈优惠条款，或者在拥有长期股权的同时在几个月内（而不是几年内）产生现金流。而这一切都是与降低风险同时实现的，在每一个关键时刻，我都会聚焦于降低风险。这就是使我和我的"学生"们的净资产成倍增长的方法，我把这种方法称为"策略叠加"。

我亲自实践并教授给别人的这套做法，可能与你听过的传统理财建议截然不同。现在是时候来谈一谈人们对投资的六种常见误解了。

▶ 误解1：致富的最佳方式是建立你的401（k）账户，遵循传统的投资建议，或者投资股市

这些积累财富和为退休做准备的方法都是有缺陷的、过时的。这些年来你学到的东西，现在几乎都是垃圾了。请抛弃它们。所谓"合理的退休计划"是有缺陷的。社会保障可能会被耗尽，医疗保险可能无法持续下去。当你想退休的时候，万一发生了什么意外事件，而经济又不景气怎么办？如果你的一半退休收入化为乌有了怎么办？你没有足够的时间重新积累财富，而且你将失去太多的储备金，元气大伤，无法恢复。

想想这个问题：为什么美国政府现在给你减税？那是因为它会在你退休后从你的储蓄中获得收入，拿走你的一大笔钱。大多数人看着自己积攒的储备金却没有意识到，可能有近一半的钱最后都会变成政府的钱。税收结构是为政府服务的，不是为你服务的。

美国政府会说："我们可以通过免税增值工具让你的钱增值，你可以预先缴纳税款。"它会限制你投入的金额，例如，

2020年，罗斯个人退休账户的限额为6 000美元，个体401（k）账户的限额为5.7万美元。你受到了限制，因为它想要分一杯羹，而它也的确会从中分得一杯羹。而且，美国政府可以随时改变规则。如果想早点儿拿钱，它就会早点儿去拿，如果想推迟退休年龄，它就能推迟退休年龄。一切都在它的控制中。要想成为一名生活方式投资者，你必须改变你的思维观念，换一个角度思考投资。

你可以按照自己的意愿生活，但是要想达到这个目标，你需要另辟蹊径。

> **如果一个人在不理解自己工作的情况下就能获得酬劳，这个人就不会再去了解这份工作了。**
> ——厄普顿·辛克莱

计算实际收益率

在投资生涯的早期，我从我的理财顾问、与我合作的投资和金融机构那里获得的季度和年度报表，都显示出高达7%~10%的**平均收益率**。多年来，我从未质疑这些数字，我以为自己赚了不少钱，我很高兴。有一天，我突然想到，既然平均收益率如此高，为什么我没有赚到更多的钱呢？于是我研究了一下这些数字。

幸运的是，我记录了每次投资的初始投入金额，并且报表会显示我的期初余额和期末余额。我意识到，有了这些数据，我就可以算出我实际上赚了多少钱，而不是只看报表上列出的平均收益率。我需要计算我的实际收益率，而不是我的平均收益率。我的实际收益率没有打印在任何地方，所以我需要自己计算。

令我感到惊讶的是，我的实际收益率远低于这些机构试图让我相信的水平。事实上，当第一次核查我的投资金额、进行计算时，我就发现我实际上因为股市低迷亏损了，但是我的报表仍然显示我的平均收益率为正。

这些金融机构给我的报告是带有欺骗性的。这些人试图迷惑我，分散我的注意力，告诉我实际上我的投资并没有那么糟糕。我的投资是亏损的，但不知怎么回事，我的平均收益率是正的，看起来我好像赚到了钱。

许多理财规划师只会和你谈平均收益率这一种算法，因为如果认为你正在通过他们赚钱，你就会把钱继续留在他们那里，他们还希望你能追加投资。但这一套对我不起作用。戒律7"为交易加码"和戒律8"减少'脂肪'"详细阐述了依赖平均收益率的缺陷，并帮助你了解你的投资状况。

虽然知道你已经明白了这一点，但是我仍然想指出：即便你赔了钱，理财规划师也在用你的钱赚钱。根据SPIVA（标准普尔500指数基金与主动管理型基金对比研究）2019年年终报告，在过去15年里，你花钱请来的基金经理的表现，95%可能不如你自己投资指数基金的表现。换句话说，虽然你付钱给别人，请对方管理你的资金，但他们很可能并不会给你带来更

第5章 消除常见投资误解

多收益（如果你自己能明智地投资标准普尔500指数）。原因是什么？没有人能预测未来，所以你聘请金融专业人士，让他们管理你的投资，而统计数据显示，他们真正跑赢市场指数的概率只有5%。这个概率被认为是正常的。

让指数成为你的新常态，这样你就能花最少的费用投资股市。

401（k）计划的缺陷

很多美国公司都放弃了养老金计划，转向401（k）计划。但很快人们就会意识到，401（k）计划也并非他们想象的那样。当兑现退休收入的时间到来时，美国政府将获得1/3的金额，最高可达40%，甚至更高，这取决于税率和其他相关因素。

你如果有一个401（k）账户，就必须考虑到，这个投资选择通常意味着极高的费用，所以你要确保被收取的费用是合理的，而不是高于正常水平。百分比不高的佣金听起来似乎不多，然而直到后来你才意识到，随着时间的推移，根据你的具体收入，即使是1%的佣金也有可能高达数百万美元。共同基金的费用也好不到哪儿去，而且往往也会收取过高的费用。这些都是人们损失的资产净值。

对美国人来说，当提取养老金时，除了因税收而损失一大笔钱，退休后还将失去三大类税收减免——受赡养者、抵押贷款利息和营业开销。这些减免的税款很可能是一大笔钱。你工作时的税后收入，是在它们的帮助下取得的，而你现在已经习惯了这样的税后收入。所以，这些免税项一旦被取消，你就很难维持从前的生活方式。此外，由于美国已经累积了巨额债务，人们退休时的应税所得率可能会高于现在的水平。

社保并非保障

除了这些代理商，还有社会保障，未来它可能不复存在。你在付钱给一个可能不存在的体系。目前来看，缴纳社保的人数比领取社保的人数少，而领取社保的人数会继续增长。美国社会保障总署目前公布的金融统计数据显示，社保将在2035年耗尽。这不是一种主观判断。预测社保会耗尽、不可持续的人，正是那些在政府机构工作、掌握金融统计数据、管理国家预算的人。

更糟糕的是，美国社会保障总署2020年发布的财务报告预估了社保耗尽的时间，而这份报告是在居家令出台之前、鉴于当前的经济恐慌发布的。根据撰写本书时的最新预测，美国社保最早可能会在2029年被耗尽。现实是，在美国，社会保障本身就是一个庞氏骗局。**庞氏骗局**是用新收的钱向别人支付承诺的收益。这个计划不可能永远像现在这样行得通，它会失败的。这只是时间问题。

我们金融体系的整个框架，从理财教育到金融知识，都已经过时了，存在种种问题。不幸的是，这源于一种随波逐流的心态，即"别人做什么，我就做什么"。然而，如果每个人都很厉害，财富分配就不会如此不均衡。相信我，最富有的那1%的人并没有投资401（k）计划、股票市场和"合格的退休计划"。也许一些人可以做到这些，但是，那些过着自己渴望的生活的人，并没有辛辛苦苦地去经营他们的401（k）账户。

成为一名生活方式投资者，不能太早，也不能太晚。

用储备金投资股票的缺陷

用储备金投资股票的想法是有问题的。大多数人把他们所有资金或大部分资金都投入了股市，在这种情况下，只要股市受到打击，他们就会损失一大笔钱。这带来了巨大的风险。许多人认为听从专业人士的建议可以降低风险，但他们把所有资金都投入股市的行为，实际上是把所有鸡蛋都放在了同一个篮子里，这个篮子就是美国经济和美国公司（或他们自己的国家和那个国家的公司）。

出现通货膨胀后，美元走不了多远。通过量化宽松政策和持续的经济刺激计划，美国政府正在增加注入金融体系的**法定货币**的数量。法定货币是指没有黄金等实物商品支持但仍被政府宣布为法定货币的货币（如美元）。增加印钞使美元贬值，也冲击了那些一味存钱的人，他们的钱变得不再那么值钱。大多数人的薪资上涨速度都赶不上通货膨胀的速度，因此，他们的购买力和总资产净值都在萎缩。

在通货膨胀时期，甚至在正常时期，最佳投资领域之一总是能产生现金流的资产。美元的价值随着额外货币的印刷而降低，但是资产的价值，特别是现金流资产的价值，会随之增加，因为它们会随着进入金融体系的货币供应量的增加而升值。当你提升能产生现金流的资产的价值，提高其收益率时，它们会双倍增值。因此，你不仅可以得到与通货膨胀同步的现金流，还可以实现资产增值，并有效抵御实体资产中法定货币的贬值。换句话说，当货币供应量增加时，你的资产也会增加。

谁也不能保证美国将继续保持目前的超级大国地位，谁也不能保证大规模的经济刺激计划不会在某个时点出现长期的负面影响，谁也不能保证你退休后经济会更强劲。如果你受到影响，那么你是否有足够的时间东山再起？又有谁能知道呢？

看看所有阻碍你投资增长的因素：通货膨胀、**波动率**、税收和各种各样的费用。如果你不专注于提高自己的理财素养，并把决策权交给别人，那么，在大多数情况下，他们会做对自己而不是对你最有利的事。

让我对上述内容（消除误解）进行简单总结：传统的理财教育引导你通过税收优惠的渠道存钱，然后投资股市，期待炒股能让你赚钱。这些都和收益率挂钩，而且都基于产品（这个产品或那个产品能让你实现目标）。你需要制订更全面的计划，并远离那些试图向你推销由单一产品驱动的投资策略的人。

不要选择任何由平均收益率驱动的计划，因为平均收益率并不重要。平均收益率是一个具有欺骗性的指标，让你在没赚到钱的情况下感觉良好。而且它具有迷惑性，会使人们无法意识到他们赚的钱并没有想象中那么多。真正重要的是实际收益率和实际的现金收益，那才是真金白银。

▶ 误解2：你不能在随意花钱的同时增加你的财富

积攒储备金的方式通常不会带来金钱和财富。根据这种模式，你只需要存下数百万美元的储备金，然后在退休后取出来，就能过上幸福的生活。这个策略依赖于无尽的"假设"。假设你能积累大量的财富；假设当你积累大量财富的时候，股市行情不错；假设你能在经济繁荣的时候退休。如果这些愿望都实现了，而你又身体健康，那么你才能快乐地享受退休生活。

请注意上面这些假设。普通人的投资建立在许多假设的基础上。而事实是，你如果动用储备金，就会减少你的本金，那么，到了某个节点，你的储备金会被耗尽、清零。

是的，我们的目标是存下一笔钱，不动用本金，靠利息生活。然而，这个目标依赖于这样一个信念：你的投资能够持续产生足够的利息，你能依靠那些随时都可能发生变化的条件生活。要知道，你的收益可能会变，市场可能会变，生活成本也肯定会变。

计算你的每月生活成本

从每月现金流而不是年收入的角度考虑你的生活开销对你更有意义。算算你每年的生活成本，然后把这个数字分解成你每月的生活成本。这个数目就是你每月为了支付生活开销而需要的收入。这是一个很实际的策略，它取决于你计算出来的数字，而不是希望或未知的未来收入。

你不妨问问自己下面这些问题，它们每一个都很重要。

- 我要花多少钱才能勉强维持生活，支付我每个月的基本开销（房贷/房租、食物、公用事业、交通等）？
- 按照现在的生活方式，我每月要花多少钱？
- 按照向往的生活方式，我每月要花多少钱？
- 我怎样才能在不占用自己时间的前提下创造收入，从而支付这些生活费用？
- 最重要的是，我怎样才能单纯依靠被动收入来支付我每月的最低开销？

明确了这些问题的答案后，你就能想明白接下去该怎么做，也才能实现你现在想要的生活方式，而且不依赖你的工作或生意收入。

如果你有能力支付你的开销，那么以下两件事总有一件会出现。第一件事是，你的生活品质可以得到提升。你如果希望生活品质得到提升，就一定要实现收入增长。理想情况下，你可以通过持有资产和被动投资来实现这一点，而不是通过劳动所得。第二件事是，你可以用超过支出的额外现金流进行再投资，使其继续产生收入。

资金集中的风险

当开始创造你的被动收入时，你应该采取必要的措施把现金流分散到不同的资产类别、板块和行业中。即使万一某件事对其中一个领域产生负面影响，你也不会遭受太大的损失，因为你没有把所有现金流集中在一个领域。这一策略降低了**资金集中风险**，它是指将大量投资暴露在同一种经济波动或不确定性风险中。

在走向财务自由的过程中，我努力使我的家庭支出在很长一段时间内保持不变，这样，当收入增加时，我们的生活方式不会消耗掉额外的收入。通常情况下，我会把超出我们生活成本的所有收入都投到各种新的投资项目中，从而产生更多的现金流。

一开始，我的投资策略很保守。我只关注那些能够产生现金流的投资项目。在我的被动收入能承担我们所有的支出后，我在投资选择上就更加自由了。这个策略让我们过上了高品质生活，也让我们能够毫不吝啬地花钱。

在生活成本问题解决后，我会更加大胆，看看是否还有提升空间，或者，从投资角度来说，还有哪些是我没有考虑过的。我开始与其他专家和专业人士会面，向他们学习。他们分享的策略和投资机会可以帮助我降低风险、增加收益，并帮助我拓宽思路，投资不同的资产类别。

我的风险承受能力发生了变化。财务自由给予我更多投资选择。例如，在确定我的现金流足以支付我的生活开销之前，我没有尝试过股票投资、股权投资（特别是后面讨论的**天使投资**）。这些投资比经过严格审查的房地产租赁（直接或通过基金投资）或者能产生可预测现金流的高级担保信贷基金风险更大。

现在，我喜欢将我赚到的除生活开支外的现金流用于**股权投资**，或投资股市指数、我中意的股票以及其他选择，我认为这些选择比能产生可观现金流的资产风险更大。这些选择包括投资运营公司，并设计独特的投资条款和协议结构，以及一次性交易，我现在经常做这样的交易。

在你的被动收入可以承担基本生活支出后，你就可以花更多时间来研究那些你可能想要添加到你的投资组合中的投资工具了。你可以问自己这样的问题：

- 什么样的投资能让我以最小的风险获得最大的收益？

- 我应该考虑哪些在不久前还不存在的新兴市场？
- 我如何使我的投资多样化，甚至抓住其他能带来现金流的机会？

　　正如你看到的，我的投资理念与大多数人不同。先将被动收入用于所有生活费用的支付，然后将被动收入进行多元化投资，使其形成多种收入来源，这样你的收入就不会只依赖一种资产了。在此之后，股市指数投资是最便宜的投资股票的方式，其费用最低。要对股票市场进行长期投资，因为随着时间的推移，情绪投资会造成损失。要避免在不合适的时机买入或卖出，比如在市场高峰和历史高点时买入，或者在危机时期卖出，因为这可能会对你的投资组合造成严重破坏。

　　投资运营公司并设计独特的协议结构以获得现金流和上行收益是另一种不错的投资。无论你的被动收入是否能承担所有生活费用，它都可以成为你的被动收入策略的一部分。除非你的被动收入足够支付所有生活费用，否则不要进行直接的股权投资，因为这种投资是所有投资中风险最大的。**种子轮**投资是初创公司的第一轮融资，风险最大。在我的投资组合中，只有一小部分是这样的投资。这种投资的收益也许会很高，但你的胜算不大。通常情况下，即便某次投资为你带来了一大笔收益，这种情况也不会持续太久。

　　当你进行一项风险较大的投资（比如种子轮投资）时，你要确保资金来自被动投资产生的现金流，并且你的收入超过你的生活支出。如果投资失败，你损失的只是资产一次性分配的现金流，而不是可以赚取现金流的本金。

这种投资层级体系已被证明是我成功投资策略的关键组成部分，我将在下文更详细地解释每种类型的投资。

▶ 误解3：最好的投资是你听说过的经过验证的投资

15年前，房屋租赁还没有被人们视为一种资产类别。大约12年前，它成了一种正式的资产类别，也是美国增长最快的资产类别之一。

音乐产业中的版税投资比以往任何时候都普遍，投资者也更容易获得这种投资机会。版税投资一直都存在，但是，目前已经出现了有效变现、版税追踪的新方法，特别是随着市场的繁荣以及创作者和投资者准入门槛的降低。

现在，投资原创内容（如电视剧、电影、音乐等）的机会也越来越多。这是一个蓬勃发展的全新领域，10年前，只有HBO电视网和其他一些制片人有机会投资。现在，有许多相互竞争的公司纷纷提供诱人的投资机会，准入门槛也低了很多。

国际机遇也会催生很多其他的新兴市场。大多数人只关注自己所在的国家，但其他国家也有不少机会，大多数人根本没有考虑这些机会。你如果自己进行学习，或者请教懂行的人，就会发现机会无处不在。

科技是另一个充满投资机会的市场。新技术有的成功,有的失败,但总有全新的、具有创新性和颠覆性的科技发展趋势值得关注。金融科技(Fintech)正在爆炸式发展,**软件即服务(SaaS)**正在腾飞,众包、**众筹**越来越流行。总的来说,电子商务正在彻底改变人们购物和做生意的方式。就连市场趋势也在成为人们购物的标准。

医疗保健和老年公寓这两个领域也有大好的机遇。酒店式公寓需求很大。随着电子商务的蓬勃发展,工业配送中心和仓库也在迅猛发展。

我想说,这样的例子不胜枚举。所有这些新兴的、蓬勃发展的市场所提供的机遇,是大多数人没有时间或没有信心去寻找的。

▶ 误解4:你无法在不牺牲投资收益的前提下升级你的生活方式

生活成本的膨胀是对长期财务自由的威胁。让我换一种方式再说一遍:付出才有收获。成为一名生活方式投资者意味着,当你的收入增加时,你的生活品质不会线性提高。那些我培训过的人都明白这条规则。在你有足够的、可重复的投资项目维持你想要的生活方式之前,你的生活方式不会有太大的改变。记住,更重要的是成为一名生活方式投资者,而不是以投资者的方式生活。

当获得额外收入时，我可以自由选择是立即升级我的生活方式，还是购置另一项资产，用这项资产产生的收入来升级我的生活方式。例如，如果想买一辆新车，那么我会采用循序渐进的方法。我知道，与其把钱花在买车上，不如在买车之前购置另一项资产，然后用由这项资产产生的收入来支付买车、养车的费用。如果把钱花在一辆车上，我就失去了全部本金，买了不会产生现金流的东西。

一辆车通常不是一项资产，而是一笔开销。用这笔本金来赚取额外的现金流，以支付与汽车相关的债务和费用，是很有意义的。这种方法也给了我机会，让我能在还清车贷后，用我投资的本金赚取更多的现金流。当我向客户提到这个策略时，他们都震惊了："你还能这样操作？我从来没想过。我应该怎么做呢？"对我来说，这才是更明智的买车方式。

你可以通过购置能产生收入的资产来支付你的费用，说到这一点，住宅升级也是一个很好的例子。额外的收入能让你添置新家具、进行装修，甚至买下更大或更昂贵的新房子。

我们家现在的房子比以前的房子更抢手。这处房产的价格是上一处房产的两倍，但我在买房前购买了一项资产，其收入超过了房贷的两倍。我们在升级了房地产投资组合之后才升级住

购买一项将来可以扩容的资产。要有前瞻性的眼光。

房，前者覆盖了升级住房和支付新贷款所需的资金。这时，新房产才成为一项安全、明智的投资。

无论何时，只要我的家人想要提高生活品质，购买新物品、升级住房、重新装修或者做其他需要额外支出的事情，我就会投资一种能产生收入的资产，让它产生现金流以支付新的开支。同样的策略也适用于旅行。我们多次到世界各地旅行，游览过许多国家，并且能够用投资产生的现金流支付这些费用。在上一次欧洲之旅中，我们花了6个星期游览了好几个地中海沿岸国家。我们购买的另一项资产产生的现金流甚至覆盖了这次旅行的全部费用。

运用这一策略的另一种情景，是在企业升级或出现成长机会时创造新的现金流。我有几桩生意就是这样做的。你可以这样做，比如，你需要投入资金，以招聘新员工、加大营销力度、购买更专业的设备或打造更宽敞的办公空间以扩大业务规模、实现整体增长。如果企业利润足以支付这些新增的费用，你就可以购买一项产生现金流的资产来覆盖新的费用。如果企业利润不足以承担新增的费用，你就可能需要贷款。

转折来了。如果这笔贷款是给你自己的呢？你可以以个人名义投资产生现金流的资产，以支付扩大公司规模的新增费用，并将贷款连同利息一并偿还。这对你和你的企业来说是双赢的。另外，你可以在购买更多产生现金流的资产的同时做到这一点。

▶ 误解5：大多数投资专家都会给出很好的建议

你或许应该知道，绝大多数金融服务行业的从业者都不是基于信托责任工作的。**信托**责任指的是，任何用你的钱投资的人都有义务做对你最有利的事。由于很多理财规划师没必要做对客户最有利的事，只需要做他们认为好的事情，因此他们通常会做对自己最有利的事。

此外，你从这些顾问那里得到的建议往往是偏向某一方的，因为他们有动机以某种可能不符合你的最佳利益的方式行事。然后，他们将投资某些产品以获得额外的奖金、佣金或回扣。不幸的是，这种行为在金融服务业内极为普遍。这些年来，无数新闻报道和出版物都揭露了这种行为。

我想再说一遍：财务自由通常不会以个人退休账户（IRAs）和合格退休计划的形式出现，财务自由通常也不会以任何介绍这些方法的图书的形式出现。

向那些言出必行、说到做到并因此赚到钱的专业人士学习，是一种不错的选择。你需要意识到，有些人可能已经实现了财务自由，但这未必归功于他们传授的理财实践经验。看看他们的财富从何而来，不要想当然地认为：既然他们很富有，那么他们所说的一定是有用的。你一定会想以那些将自己的理论付诸实践并因此获得财务自由的人为榜样。

许多戴夫·拉姆齐这样的专家都擅长帮助人们摆脱债务。然而，他们不会教人们如何创造财富或者获得富足的心态，这可能不是他们的目标。所以，如果你的目标是创造财富，那么你可能需要避免产生匮乏心态。举一个匮乏心态的例子："别买这杯拿铁。买这杯拿铁需要5美元，如果你把今天买拿铁的钱存起来，50年后它就可能值××美元了。"你想喝这杯拿铁吗？如果想喝，那么你怎样才能在达到财务目标的同时，喝上这杯拿铁？

你如果想成为一名生活方式投资者，就不要只顾着遵循常规，因为你不是在追求常态。普通人不知道该怎样理财。记住，无论大多数人在做什么，你都要反其道而行，因为大多数人没有弄明白状况。为什么要步别人的后尘呢？

一定要模仿那些已经弄清状况、找到想要的生活方式的人。一定要模仿那些取得很高成就、让你敬仰的人，如果他们是在传授自己的经验而不是预测市场趋势，那么你可以按照他们说的去做。找一个这样的财务导师：他愿意公开自己的收入，并且他已经做到了你想做的事。

不要带着匮乏的心态生活。对现在的生活感觉越好，机会就越多。

▶ **误解6：你需要很多钱，才能开始现金流投资**

我在书中会分享多种投资项目。你需要明白的最重要的一点是：无论你想投资什么，这些策略对你来说都是有效的。你决定如何开始投资，可能取决于你的知识、风险承受能力和可投资资本。好消息是，我有不少可以供你在起步阶段使用的策略。

此外，你是不是一名合格的投资者，会对某些投资产生影响。**合格投资者**是指，至少满足一项关于收入、净资产或专业经验的要求，并被允许投资某些投资机会的个人或企业组织。只有个人净资产达到 100 万美元以上，或者过去两年的年收入达到 20 万美元以上（如果是已婚人士，夫妻双方年收入之和达到 30 万美元以上）的个人，才属于合格投资者。

美国证券交易委员会（SEC）提出这些要求，是为了甄别对监管披露保护需求较少的成熟投资者。总的来说，美国证券交易委员会试图保护未受专业教育的投资者，使他们免受欺诈性和操纵性投资行为的影响。

但大多数人没有意识到，不要求投资者必须是合格投资者的投资机会其实大量存在。具体的投资要求因投资类型和所投资行业有所不同。例如，很多房地产投资的参与者不需要获得合格投资者认证。

你需要做的一个重要决定是，你更喜欢直接投资，还是更喜欢投资持有一系列投资项目的基金。如果你面临一个很好的投资机会，那么直接交易是行得通的。然而，有时通过添加多项投资来分摊一些风险，也是不错的选择。因为，如果其中一项投资出了问题，那么其他进展顺利的投资项目可以对此进行弥补。（我将在后面的章节更详细地介绍相关策略。）

第 5 章　消除常见投资误解

你需要做出的另一个决定是使用什么平台。CrowdStreet、PeerStreet 和 Fundrise 等都是众筹平台。非合格投资者和合格投资者都可以参与这些投资。这些平台创造了大量机会，对那些只拥有 1 000 美元资金、寻觅小规模投资机会的人来说，它们是不错的选择。你如果做了一些研究和调查，也许就能找到不错的交易。并不是所有这些平台上的投资项目都很好，但如果学会了如何评估投资机会，你就会发现这些平台上有很多不错的交易。我通过这些平台投资过一些项目，所以我相信它们能为我找到合适的交易。

除了众筹平台，还有标准的**辛迪加**，这是几个投资者综合其技能、资源和资本来购置和管理他们原本无法负担的资产的一种合作关系。如果你正在考虑这类投资，如果他们拥有一个运营团队，那么你可以看看他们拥有多少经验，弄清并考虑他们要收取多少费用。有的投资者并不知道，**私募备忘录**中可能有隐含的费用。所以你需要仔细阅读细节。我将在后面更详细地介绍辛迪加。

如果你只有 5 万美元或更少的资金可以用来投资……

除了投资指数基金，还有一个选择就是投资房地产。我一般更喜欢投资房地产，因为房地产的内在价值已经形成，它不会像股票那样化为乌有。因为房地产存在价值，所以它可以作为抵押物获得银行的购房贷款。这类资产比其他投资项目（如没有抵押物作为担保的生意）更容易融资。

对很多人来说，投资房地产租赁很有吸引力，因为它往往能立即产生现金流。这包括投资独栋别墅、移动住宅园区、公寓楼、工业配送中心和仓库、自助存储设施以及其他类型的房地产。如果找到了合适的交易，达成交易的第一天就能产生现金流。如果你是一个投资新手，那么你的风险会更大一些。另外，因为一些房地产投资不会立即产生现金流，所以你要确保你投资的房地产能带来现金流。

优先支付的信贷基金是另一个有趣的选择。你可以拥有房地产或其他抵押物的**第一留置权**，因此它的风险比其他投资风险小得多。这些基金还能产生稳定且可预测的现金流，通常是每月一次。

即使你只有 5 万美元或更少的资金，也有不少适合你的首次投资项目，但我只列出了一些我觉得可行的项目。

如果你有超过 5 万美元可以用来投资……

我记得我的第一笔投资额是 5 万多美元。这让我彻夜难眠。我想，天哪，如果失败了怎么办？这可是一大笔资金。我可能会赔个精光。但我想做的是，赶紧停止我头脑中那些畏首畏尾的念头。所以我想，如果我有机会学到什么，那一定是在我把资金投入交易的时候。完成这桩交易后，我就对下一桩交易更有信心了，也没有因此而失眠。我对这个过程更加了解了，也弄明白了这是怎么一回事,这些经历真的很重要。

如果你和我有同样的感觉,那么我会提醒你:别忘了,大多数人在刚开始投资时也有同样的感觉。你有机会学习与提升了。你的任务是提前进行**尽职调查**,判断你是否达成了一笔好交易。你如果不能确定这是不是一笔好交易,就让该领域的行家来帮忙,找几个好顾问吧。

当你还在学习如何投资的时候,你可以考虑把**分散化**作为一种策略。例如,你如果想投入 25 万美元,就可以试着投资几笔规模较小的交易,每笔 5 万美元。如果你不擅长某一特定的资产类别,那么像这样分散你的投资是一个好方法。从本质上说,分散投资能防止你把所有鸡蛋都放在同一个篮子里。

毫无疑问,你的资金越多,机会也就越多。例如,我看到的一些最有潜力的投资项目,往往伴随着更高的最低投资额(例如,最低投资额为 25 万美元或 100 万美元)。最低投资额很高,并不意味着低于最低投资额的项目就不划算。另一方面,最低投资额较高的交易,往往还伴随着一些附加交易,其投资条款也更完善。

在你刚开始投资时,这似乎是天文数字。但在经过一段时间的实战和学习后,你会越来越容易接受这些数字,你会对它们越来越熟悉。现在,我拥有的经验和知识让我能够从容地投入更多资金,以前的我可做不到。

当你开始起步并边做边学后,投资会变得越来越容易。当投资时,你不会再感情用事,而是会更加关注结果。

· 第 6 章 ·

生活方式投资者的墨菲定律

我真的认为,尽量从别人的错误中学习会比较好。

沃伦·巴菲特

每一名投资者都会在某个时候犯错、赔钱。然而，如果我能阻止你犯一个愚蠢的投资错误，比如我即将告诉你的这个错误，你就可以节省数十万、数百万美元。更重要的是，我能帮你省下数年的时间。毕竟，本书的重点是如何成为一名生活方式投资者。

　　在军队中，大多数士兵在军营里接受基本训练时都见识过战场上的**墨菲定律**。我最初是在红迪网上找到这些信息的。一些退伍军人说，其中的一条或多条定律甚至在实战中救了他们的命。你可以在网上找到数百条定律，我从中选择了20条我最喜欢的，列在下面。

▶ 战场上的墨菲定律

- 友军的炮火一点儿都不友好。
- "实战经验"这种东西,只有在你迫切需要时才能获得。
- 无论你走哪条路,它都是上坡路。
- 奇怪的东西会吸引火力,而你就挺奇怪的。
- 如果一个蠢办法有效,它就不是一个蠢办法。
- 装成一个无关紧要的人,敌人可能弹药不足,不想把它浪费在你身上。
- 永远不要和比你勇敢的战友躲在同一个散兵坑里。
- 别忘了你手上的武器是由出价最低的承包商中标制造的。
- 世上没有完美的计划。
- 5秒的导火线总会在3秒内烧完。
- 重要的事总是简单的,简单的事总是难以做到的。
- 飞来的子弹有优先通行权。
- 从来没有一支做好战斗准备的部队能通过检阅。
- 从来没有一支做好检阅准备的部队能赢得战斗。
- 如果敌人进入你的射程,那么你也进入了他的射程。
- 唯一比敌军的炮火还精准的是友军的炮火。
- 必须一起运送的东西,总是无法一起运送。
- 必须配合使用的武器,总是无法一起到达战场。
- 你所做的任何事都可能让你送命,哪怕你什么都不做也可能会丧命。

- 职业士兵的行为是可以预测的。但这个世界上到处都是危险的外行。

无论你是正在军队服役还是曾经服役,你都能从这些战场上的墨菲定律中看到智慧的光芒。事实证明,忽视它们的危险是致命的。受到这些定律的启发,我开发了自己的一套定律,我称为"生活方式投资者的墨菲定律"。

忽略这些定律的危险

现在,我将把我犯过的最大的投资错误告诉你,让你避免重蹈覆辙。你还记得2008年被曝光的由伯纳德·麦道夫主导的**庞氏骗局**吗?我曾经卷入一场庞氏骗局,损失了近100万美元。

我一直有投资在线资产的意向。几年前,我发现了一家网站开发公司,它可以从多个收入来源产生被动收入,包括广告收入、合作盈利收入和电子商务收入,它还可以搜集各类用户数据信息。而作为投资者,我不仅能获得收入,还能获得可出售的资产。这笔交易看起来很棒,因为这家公司每年都会付给我本金的20%作为收益。另外,把这个网站卖掉以后,我可以和这家公司平分这笔钱。

这些听上去太有诱惑力了。

更棒的是,这项投资不需要我做任何工作,只需要投入资金。我的一个好友在 2013 年投资了这家公司，另一个好友在 2014 年开始投资，而这家公司从未少付他们一笔钱。无论从哪个角度看，这似乎都是一桩万无一失的买卖。

让我先告诉你一个坏消息。我最终投资了 30 万美元，第一年我赚了 6 万美元，和他们承诺的一模一样。这家公司从未拖欠一次付款。后来，这个网站被卖出去了，我的利润是 20 万美元。我选择用这笔钱再投资，并且追加了 10 万美元，实际上，我一共投入了 60 万美元（第一笔投资 30 万美元 + 出售所得 20 万美元 + 追加的 10 万美元）。我又获得了一年半的收益，共 20 万美元。截至当时，一切都太顺利了，所以我又投资了 20 万美元，共 80 万美元。

我有一份非常详尽的尽职调查报告，在我投资前，我的团队（包括我的律师）会审核这份报告。当我给我的律师看这份报告时，他立即劝我不要卷入其中。他说："看起来太好了，这不可能是真的。"遗憾的是，我没有止步。

接下来，我要给你介绍一份不可违反的检查清单：生活方式投资者的墨菲定律。

生活方式投资者的墨菲定律：不可违反的检查清单

- 如果什么东西看起来好得令人难以置信，那么它很有可能是假的。
- 如果什么东西让你觉得毛骨悚然，那么它很可能是可

- 怕的。
- 要小心那些借名人来抬高自己身价的人，警惕这样的行为。
- 重要的事总是简单的，简单的事总是难以做到的。
- 当没有把握的时候，复习一下生活方式投资的原则和戒律。
- 警惕不正常的高收益，无论你多么希望那是真的。
- 谨防濒死的行业。
- 小心衰败的市场和城市。
- 如果一个城镇中只有一个大雇主，那么，无论这笔交易看起来多划算，在那儿投资的风险都太大了。
- 仅仅因为朋友投资了某个项目就跟风，自己不做任何调研是不明智的。
- 在考虑持有和运营成本之前，不要轻易投资。
- 做好尽职调查！不要相信别人给你的数字。记住，他们只是想推销自己。将你的笔记与其他投资者的笔记进行比较，以确保你听到的信息和他们听到的一致。
- 看看网上的客户评论。
- 对卖方和合作伙伴进行背景调查。
- 进行法律咨询。专业人士能看到你看不到的东西。
- 确保其他专家喜欢这项投资。
- 找几位长期投资者了解情况。
- 如果没有长期投资者，你就要小心了。

- 永远不要在别人的地盘上与他较量。换句话说，不要和一个会耗尽你的精力和金钱的律师争论。
- 让对方低估你。收起你的自负，不要表现得太聪明。
- 绝对不要在没有仔细看过合同或者没有征得你的律师同意的情况下就签署合同。
- 永远不要以为，你正在签署的合同就是你曾经认可的那份合同。有的人会在最后一刻偷偷加上一些条款。
- 由专业人士创造的机会通常是可以预测的，由外行人创造的机会则很危险。你要知道自己正在和谁打交道。
- 银行并不在乎钱是从哪里来的，只要钱是合法货币就可以。
- 有时候，你所做的最好的投资，就是你没有做的投资。

让我来补充一些细节。我的律师说："好得令人难以置信。这看起来像一场庞氏骗局。"仅仅是那家公司的法律顾问在合同中使用的措辞方式，就把他吓坏了。

这个错误也给了我一份礼物，那就是赔钱的教训。但多亏这次教训，要不然我可能会赔更多的钱。

最终，当交易彻底失败、审计开始介入时，我发现了以下事实：

- 该公司谎称有第三方审计，且那家知名事务所已经完成了

- 相关审计。
- 几年来，该公司一直荣登"美国5 000强最快成长公司"榜单，并继续用虚假的财务报告来维持自身的地位。
- 这家公司的创始人会不时地抬出几位曾投资这家公司或担任其顾问的网络红人，以进一步增加可信度。
- 当公司无法及时付款时，公司所有者将后期收到的投资资金付给前期投资者，最后，整桩交易沦为一场庞氏骗局。

不幸的是，这家公司的所有者得到的商业建议很糟糕。我和所有投资者签署的法律合同都明确约定，该公司有权决定如何使用投资者的资金，一部分资金用于支付保底投资收益，一部分用于支付"其他费用"。"其他费用"包括支付给前期投资者的巨额收益。尽管所有者坚称他当时并不懂这些，但用新投资者的资金支付老投资者的收益是违法的。随着我和我律师的深入了解，我们发现，和公司发生业务往来的那家银行应该知道这是怎么回事，因为预警信号一直都在。

最终，这家公司的扩张速度太快，耗费了大量资金。即使所有者聘请了首席财务官和首席执行官，也已经太晚了，他们难以力挽狂澜。这是一家有27年历史的公司，在倒闭之前一直运营有序。

这个故事给我们的教训是：永远不要出于自负和对赔钱的恐惧去做一些违法的事，这可能会让你锒铛入狱，毁掉你的人际关系、名誉或婚姻。钱还能赚回来，但只要短短几分钟，你就可能名誉扫地，无可挽回。

　　这个错误也给了我一份礼物，那就是赔钱的教训。但多亏这次教训，要不然我可能会赔更多的钱。记住，要和比你聪明得多的人共事，听从他们的建议，防范风险。你可能会输掉一场战役，但一定要赢得整场战争。

　　我的目标是给你必要的指导和支持，这样你就不会做出导致损失资金的愚蠢决定，你就能使用这些策略和戒律保护自己、降低风险、获得可观的收益。如果你以前亏过，那么这不是你的错，你只是缺少英明的领路人、适用的工具箱来帮助你获得财务自由。

和比你聪明得多的人共事。听从他们的建议，防范风险。你可能会输掉一场战役，但一定要赢得整场战争。

戒律

PART TWO
第二部分

THE COMMANDMENTS

· 第 7 章 ·

戒律1：
生活方式第一

我对成功的定义是：
以快乐远远多于痛苦的方式生活，
并且你的生活方式能让身边的人感受到更多的快乐，
而非痛苦。

托尼·罗宾斯

让我给你讲一个故事，关于我的第一头生活方式投资者"狮子"。"狮子"是指我的客户，他们都是高净值私人投资者，我给他们做了为期一年的一对一培训。每头"狮子"都会受到高水平投资策略方面的个人培训，包括心态管理、交易结构设计、交易过滤和遇到真正的投资机会时如何谈判。我的目标是帮助每头"狮子"建立一种生活方式投资的投资组合，这种投资组合与我自己的投资组合类似，以最低的风险提供与我们的生活方式匹配的现金流。

一年后，在如何叠加多种策略以获得更高的投资收益率等问题上，每头"狮子"都拥有相关的知识、智慧，而且都有所领悟。更重要的是，在那一年，每头"狮子"都能接触到我历经20多年打造的庞大人脉网。我结识的这些专业人士擅长通过构建独特的结构来保护他们的资产，提供高水平的税收战略和建议。这些"狮子"还能不断接触一些交易，这些交易通常是隐性的，如果没有介绍人就很难接触到。正如我之前提到的，我把这个排他性团体称为"狮网"。

我的第一头生活方式投资者"狮子"现在可以在他想起床的时间起床，他已经好多年不用闹钟了。他没有老板，也没有耗时的工作。他每天将起床后的第一个小时用于阅读、祈祷、冥想和写日志。(他曾经在一年中阅读了150多本书。)然后，他会花一个小时健身。40岁的他身强体壮，风度翩翩，结婚近10年的妻子仍然认为他很有吸引力（在大多数时候）。

当健完身后，他会检查自己8位数的投资组合和7位数的银行账户，并思考自己的生活方式计划，包括家庭出游计划——为期两个月的国内旅行和国外度假（一次去欧洲，另一次去加勒比海）；与超高净值人士至少进行两次商务旅行，他与这些人已经成了亲密的朋友。在接下来的两个小时里，他会与最近他所投资的公司的首席执行官视频通话，悠闲地吃一顿午饭，下午两点一天的工作就结束了。

他和妻子为女儿制定了一个教育方案，包括家庭教育和私人辅导，所以他能花时间陪女儿。他也可以和妻子一起散步、聊天。一家三口定时聚餐。晚上把女儿哄睡后，他和妻子会喝一瓶葡萄酒，一起交流、思考。

这头"狮子"选择每周工作3天，休息3天或4天。他知道，如果自己愿意，他就可以好几年不用工作。他有充足的思考时间，他利用这些时间收听能启发灵感的播客，这些播客能帮助他制定长期战略，然后他会把自己的见解记录下来。现在，每个月的第一周，他在睡眠中赚的钱比过去每周工作50~70个小时挣的还要多。(那时他也是一名高收入者，月收入是6位数！)

现在，他拥有完全自主的生活。他可以自由选择如何度过自己的时间，既可以和家人、朋友在一起，也可以追逐自己的梦想和人生目标。他将人际关系和身体健康放在首位。他追求心智、身体、情感和精神的共同成长。他的妻子也有追求自己爱好的自由。他们的生活并不招摇、奢华。仅从外表看，谁都猜不到他究竟有多少净资产。

他不仅拥有认识20多年的老朋友，还结识了不少千万富翁、亿万富翁。他和妻子每年向教堂缴纳什一税，还向几家慈善组织慷慨捐赠。他的人生充满了选择和自由。他可以随时为家人购买任何东西，但产生影响力、与人交往、回馈社会和做出改变才是他的动力。

他给自己定下的第一个财务自由目标是，让妻子不用继续工作。他的妻子是一位才华横溢的高中商科教师，但从家庭出发，他们渴望一种质量更高、更加灵活的生活方式。她的年薪为3.6万美元，所以他明白，他需要投资一项能产生同等收入的资产。严格来说，他可以投资一项每年收益略低于3.6万美元的资产，因为她的税后收入远低于这个数字。此外，投资收入的税率也比劳动收入的税率低得多。

他计算了每个月需要赚多少钱，然后，他决定购置一个移动住宅园区。这笔交易创造的现金流几乎达到了她的工资水平，足以让她不用继续工作。对她来说，能离开教师岗位，花更多时间与家人团聚、旅行，做其他每个家庭都想做的事情，是一种平稳过渡。这笔交易让她拥有了自由的时间。几年后，他又按照同样的方法，用投资收入替代了自己的薪水。

我的第一头"狮子"就是我自己。我只有率先实现生活方式投资者的理想生活，才能自由地传授经验或与别人分享经验。我的原则是，永远不接受那些现在没有做我想做的事情，也没有体验我想要的生活方式的人提供的理财建议，所以我必须让自己先去实践。

大多数人都过着被动消极的生活。我的目标是什么？是积极主动地打造美好生活。

对我来说，要让我完全相信自己有能力去指导和传授你在书中读到的所有内容，那么我的亲自示范至关重要，而且，我的近况也非常关键。如果我写这本书是在上一次惨败后的 10 年或 20 年后，而且我的经济到现在还没有恢复过来，那么我不相信自己能给你很棒的建议。另外，我从来不和收入比我低的财务导师合作。

▶ 自由方程式

作为一名生活方式投资者,最令人兴奋、最美妙的事就是,你可以按照自己的方式和意愿生活。**自由方程式**能让你主动创造你想要的生活,而不是让你的生活放任自流。有意识地规划你想要的生活,是成为一名生活方式投资者的第一步。

在继续读下去之前,请先花点儿时间完成下面这个自由方程式小测试。留意一下,在每个自由方程式类别中,你选择置顶的是哪几项?这可以帮助你规划自己的完美生活方式。

请注意,自由方程式的第一要素是时间。如果有能力为自己赢回更多时间,你就会拥有一直梦想的生活。这就是成为一名生活方式投资者的全部意义:它意味着你将拥有更多时间和自由去做任何你想做的事,无须考虑时间,无须考虑同伴,无须考虑理由;它也意味着你可以用你独特的天赋给生活带来无限激情。

接下来你要做的是,思考我在上文中描述的"狮子"的生活方式,根据你的价值观简单地写一段话,描述对你而言,完美的一天是什么样的。如果你的余生都将过上这样的日子,那么你会觉得你从此过上了幸福的生活吗?

> **你去工作的理由是你想工作,而不是你不得不工作,这就是财务自由。**
> ——托尼·罗宾斯

时间+金钱+人际关系+影响力
=生活方式投资者的自由

时间的自由：哪件事对你来说最重要？

- 在你想起床的时间起床。
- 有时间健身和塑形。
- 有时间祈祷和冥想。
- 有时间写日志，有时间反思。
- 有时间在家教育孩子。
- 有时间收听能启发灵感的播客，有时间阅读能启发灵感的图书。
- 有时间制定战略，长时间思考、规划、制定目标。
- 有时间和家人聚餐，享受不被打扰的高质量家庭娱乐活动。
- 有时间每年去度假几次（或者，根据你的梦想，去更多次）。
- 有时间进行沉浸体验式旅行，比如一次几个月。
- 有时间参加一门课程或学习一些你想学的东西。

金钱的自由：哪件事对你来说最重要？

- 可以随时选择工作或不工作。
- 无论何时，想买什么就能买什么。
- 可以在无须考虑银行账户余额的前提下，开一张大额支票或尽情购物。
- 拥有7位数、8位数或9位数的净资产。
- 拥有7位数以上的流动资产。
- 随时随地度假。
- 环游世界，下榻最高级的酒店和民宿，多久都行。
- 付钱购买专业服务，以节省更多的时间。
- 大方慷慨、不受限制地给予他人。
- 把金钱作为一种工具来实现更多的梦想和目标。
- 为家人、朋友或其他人建立一只信托基金。

> **人际关系**的自由：哪件事对你来说最重要？
>
> - 参加一些课程或培训班，与你的配偶和孩子建立更亲密的关系。
> - 和能激励你的人一起工作。
> - 可以自由选择和谁共度美好时光。
> - 留出时间，与5~10个对你来说最重要的人共度美好时光。
> - 为你生命中最爱的人创造史诗般的体验。
> - 结识能帮助你提升社会地位的人，争取获得与他们平起平坐的地位或能力。
> - 具有和社会名流结交的勇气和信心。
> - 结交那些能够影响重要人物并帮助你进入亲密小团体和组织的个人。
> - 关注孩子的业余爱好，加入孩子的运动队、家长协会或其他团体。
> - 与媒体打交道，增加你的网络、媒体和新闻界曝光度，这样你就可以分享你的信息，方便与更多人联系。
> - 加入高水平、高层次的专业团体，结识那些能指导和帮助你成长的高素质、高业绩的人。

影响力的自由：哪件事对你来说最重要？

- 从事能启发灵感、振奋人心的工作。
- 支持一家非营利组织或慈善组织。
- 能够直接帮助需要你帮助的人。
- 指导渴望学习的学生。
- 建立一个基金会。
- 为你所在地区的教会、社区、职业团体或慈善机构提供志愿服务。
- 为中小学、大学或慈善团体建立一只资助基金。
- 贡献你的专业知识。
- 追求你的梦想而无须考虑金钱因素。
- 能够回馈或支持致力于动物保护、生态保护或其他地球保护事业的组织。
- 学会表达的艺术，并积极影响对你来说重要的受众或群体。

在写完这段话后，你可以再做一个练习。我把它称为自由愿景练习。如果有机会做一件能让你以后更幸福的事，那么你会做什么？请在下面的空白处描述你的自由愿景。

自由愿景练习

日期：

时间：

地点：

你对你写下的内容感到满意吗？希望从今天开始，你可以成为一名成功的生活方式投资者。你已经明确了自己的自由愿景。现在你要做的是弄清楚实现愿景的方法。

要想让自己变得富有，成为一个有能力按照自己意愿生活的投资者，第一步是改变你的心态。

▶ 心态的选择

我是个人成长和心智开发的积极倡导者。如果没有追求这样的事业，我就无法拥有生活方式的自由和财富，也没有能力和你们分享我的观点与方法。但我这样做了，并且我做到了。这一切都始于我选择了生活方式投资者的心态。

富人的心态是类似的。他们行为自律，思维缜密，有一套富人的习惯。而穷人恰恰相反，他们被困在不自律的行为、错误的想法和不良习惯的恶性循环中。他们没有看到、没有理解富人与自己的差别。

希望书中的一些故事能为你提供借鉴和启发，让你开始和富人一样思考。

生活方式投资者的心态包括信奉并实践这条原则：每一项投资都必须真正带来被动收入，即你的收入不依赖你投入工作的时间。贯彻这一原则意味着，无论是在睡觉还是在度假，你的收入都保持稳定。

我们都听过"时间就是金钱"这句箴言。大多数人认为，只有工作才能获得更多收入。事实是，即使不谈被动收入，它在商业界也算不上是至理名言。

另一个误区是拼命攒钱、过节俭的生活。你甚至不敢去星巴克买一杯拿铁，因为你必须节省每一分钱，把钱都存起来。

这两种想法都是无稽之谈，是阻挡你致富的错误心态。

如果你改变了思维方式，把生活品质当成需要优先考虑的事，那么你对交易中的每一个元素的处理，都会与传统的投资者不同。当你把我的策略和戒律叠加在一起时，你的投资将给你带来更多的自由和额外的收入。

学会如何合理安排贷款结构就是一个例子。按照传统的银行贷款方式，首付为20%，贷款为剩下的80%。但我没有这么做。实际上，我和一个移动住宅园区的卖家商量了付款方式，谈妥了这笔交易。他接受首付仅付15%，这正是我的目标。我想获得比从金融机构贷款更划算的交易。

第一个园区的首付是6.5万美元。然后我用同样的贷款结构购买了第二个园区，首付是7.5万美元。当时我家的生活费用是每年11万美元，所以这两笔首付款加起来比我们每年的生活费用高一些。这一点很重要，因为我的第一个目标是存下12个月的生活费用，以备不时之需。

正如之前提到的，我首先想赚到能代替我妻子年薪的3.6万美元。第一份产业的6.5万美元首付带来的现金流，基本上符合我的要求。我通常会选择立即产生现金流的交易。所以，第一个月的现金流是正向的。值得注意的是，尽管我们当时的年度生活开销是 11 万美元，但我们的最低年度开销大约是 5.2 万美元。在掌握这一点后，我要保证第二笔交易的现金流和第一笔交易的现金流的总和足以支付我们的最低生活开销，我做到了。

作为一名生活方式投资者，我做好了承受最坏结果的心理准备，因此我要制订一个万无一失的计划，以备不时之需。这样一来，即便我受伤了，或者出于其他原因无法工作，我也有钱支付生活费用、维持生计，只不过处于这种状态的生活品质与我们已经习惯的生活品质是无法相提并论的。

▶ 财富优化

让我们来聊聊"**财富优化**"这个概念。我认为应该全面看待财富。首先，我不认为财富等同于金钱。金钱是财富的一个组成部分。健康的身体、情绪和精神状态都是财富的组成部分，健全的人际关系和人生目标也是财富的组成部分。因此，说到财富，我想优化它的每一个组成部分。

经济状况良好是财富的一个重要组成部分，它可以为你赢回做其他事情的时间。利用这些时间，你可以让身心更加健康，才智得到增长，态度更加积极；你可以尽情享用健康的食物（包括有机食品和亲手烹饪的美食）；你可以定期安排理疗、针灸或按摩；你可以关注自己的情绪和精神健康。所有生活细节都是协同运作的。

当从理财的角度思考财富创造和财富积累时，你可以看到一幅整体图景。大多数人只是从那些可能没有接受过全面教育，甚至没能接触高层次战略的人那里学到一招半式，而他们得到的信息大多是一种夸张的宣传。这样的信息大多来自炮制它们的华尔街金融机构和银行，还有我们的大学和教育机构。这些信息炮制者在诱导人们乖乖掏钱。

而那些金融机构中教你投资的人的心态，与那些让你掏钱的信息炮制者如出一辙。一旦你把钱给了这些信息炮制者（比如银行），它们就会用你的钱去赚取大利润，却只分给你很低的收益。而且，一些专业人士还会首先把钱塞入自己的腰包，不管有没有帮你获取收益。这可真疯狂。如果你继续这样愚蠢地把钱交给那些人，自己却得不到公平的收益，那么你简直和他们一样有罪，因为你在助长这种疯狂。

> **富有是有钱，富足是有时间。**
> ——**玛格丽特·博纳诺**

说到"生活方式第一"这一点，我有两个屡试不爽的小方法。第一，有的投资项目根本不需要你付出时间。一旦知道它们的存在，它们就会成为大多数人追寻的目标。第二，在某些情况下，在起步阶段投入一点儿时间来增加收益也是合情合理的。

在刚开始投资时，我愿意投入一点儿时间来获得更高的收益。现在，我的投资项目根本不需要我花时间打理，它们是真正的被动投资，而且我愿意以更低的收益换取宝贵的时间。我购买移动住宅园区的一大原因是：在房地产租赁这一领域，它们的**现金收益率**是最高的，而它们需要投入的时间是最少的。

刚起步的时候，我每周会多花 5 个小时打理自己的租赁生意，这是合理的，毕竟我什么都要学。但是一段时间过后，我的状态完全不同了。一开始，我亲自打理生意能获得比花钱请别人来经营更丰厚的收益。后来，我聘请了一些我乐于与其共事的特别优秀的人，并培养了一个团队来接手一切。我知道，这样做的收益会比亲力亲为少一些，但我也知道，我的最终目标是赢得时间。我的运营总监是一位非常了不起的女性，迄今为止，她已经和我共事了 15 年。说到管理我的房地产投资组合，她比我以前的表现好多了。

如果你的目标是获得最高的收益率，并且你愿意在起步阶段投入少许时间，那么投资一些房地产租赁生意，比如移动住宅园区，是开启生活方式投资的最简单的方法之一。愿意在起步阶段投入一点儿时间是一种重要的心态和自律能力，这样你就能熟练地找到适合自己的平衡点。

如果你有更多的钱，不想在起步阶段多花时间，那么，作为一名生活方式投资者，你可以通过硬钱贷款投资，利用你的时间和金钱创造真正的被动收入。下面这个例子向你展示了我的每一个投资原则是如何发挥作用的。

▶ 实例：硬钱贷款

硬钱贷款是一种以不动产为担保的贷款，通常被认为是在贷款人无法从银行获得融资的情况下能够获得的最后一种贷款。许多人把这些贷款作为短期**过桥贷款**或建设贷款，随后他们会以长期资金融通对房地产进行重新贷款。硬钱贷款通常是由私人或公司提供的，而不是由银行提供的，所以它们比一般贷款的利率更高，贷款期限更短。

心态

我很喜欢模仿那些成功人士。这是我生活方式投资者心态的组成部分。如果别人能做到，那么我一定也能。我有几个非常成功的朋友，他们在职业生涯的大部分时间里都在做硬钱贷款，所以我在做硬钱贷款交易时，借鉴了他们的方法和条款。这种方法使我通过安全的投资获得了巨大的收益，我只需要付出很少的时间，甚至不需要付出时间，所以我可以真正把生活方式放在第一位。

硬钱贷款期限短、利率高，还会在贷款前收取**点数**（费用），我喜欢这些特点。如果结构安排合理，那么这些投资的风险很小，收益却很高，特别是当你处于高增长城市和充满活力的房地产市场时。另外，由于贷款期限短、费用前置，我很容易安排额外的贷款，从而增加我的收益。

结构

合理的结构是成功交易的重要保障。以下是一些具体事项，它们能帮助我创造丰厚的收益，保护我的投资，这样我就不会亏损。

- 6~12个月的贷款期。
- 以6~12个月为期的"**气球膨胀**"**式付款**（偿还贷款）。
- 每月只付利息。
- 12%的利息。
- 预付2~4个百分点（贷款的2%~4%）。
- 由金额至少是贷款额2倍的抵押物支持的投资。（大多数情况下，是以房地产**信托契约**为抵押的，而且你将获得资产的所有权。如果借款人违约，你就可以出售房产。）
- 与经验丰富、记录良好的经纪人和房地产专业人士合作，以避免**违约**。

过滤器

记住，要使用一定标准来筛选投资机会，缩小投资范围。虽然这听起来可能有点儿消极，但硬钱贷款交易最吸引人的地方是：如果借款人违约，我的投资就会变得无比划算。我希望借款人不会违约，但如果对方违约，那么交易的结构对我是极其有吸引力的。如果对方真的违约了，我的投资收益就是指数级增长的。我就可以拥有对方抵押的资产。如你所见，我的投资条款创造了一个旱涝保收的局面。无论出现什么情况，我都能获得稳定的收益，这是我最喜欢的投资类型。

谈判

以下是我采用的谈判原则。在做交易时，我所谈判的抵押物的价值一定高于贷款金额。一旦借款人违约，我就会占上风，获得一项比我的投资资金价值更高的资产。我也喜欢商洽一个较高的点数作为预付金，比如4%，以减少交易的风险。此外，我喜欢以较高的利率（比如12%或者更高）收取利息，并且贷款期限较短。这些交易要素可以确保我在一年或更短的时间内收回本金，并为我的每月开销提供可观的现金流。

在满足某些条件之前，我只在首次分期放款中发放贷款金额的一半。在满足这些条件后，我会发放剩下的贷款。这样做有助于将风险降至最低，并保证借款人以正当方式使用这笔资金，从而确保贷款运作良好。

交易回顾

戒律1是生活方式第一。对我来说，所有投资都能在某种程度上提高我的生活品质，这一点很重要。我希望我的大部分投资都能带来可观的现金流。不仅如此，我还希望我的投资不需要耗费我太多时间，这一点也很重要。这条戒律使我能在不依赖时间投入的情况下获得收益。

为了遵循这条戒律，我会寻找类似硬钱贷款（以及硬钱贷款的变体，包括拆出资金和高抵押商业贷款）这样的投资。这样，我获得了更多的自由时间，同时无须牺牲高收益率。硬钱贷款只是满足"生活方式第一"戒律的多种投资中的一种。

· 第 8 章 ·

戒律2：
降低风险

规则一：永远不要亏钱。

规则二：永远不要忘记规则一。

——

沃伦·巴菲特

如果你去拉斯韦加斯赌博，在输掉一局后，仍然能带着现金离开，你觉得怎么样？这听起来是不是不可思议？如果你去投资，并懂得如何使用我的**策略叠加**法（综合多种非显著方法，以较低的风险获得更高的收益）进行谈判，你不仅能发现赚钱的机会，而且即便你的部分投资失败了，你也能获得现金流，并全身而退。

　　沃伦·巴菲特的这两条投资规则很好地概括了本章的内容。难点是遵守这些规则，并避免你在情绪化地参与一项交易，或者在恐惧或茫然阻碍你的自律、经验和智慧发挥作用的时候，违反这些规则。如果亏了钱，那么你只有加倍努力才能弥补损失。此外，你还付出了**机会成本**，你本可以用这笔资金赚取收益。

　　降低风险的一个目标是让你的本金不受损失，避免任何潜在的下行风险。降低风险的另一个目标是拥有足够的杠杆，让你投资或贷款的对象意识到，一旦违约，他们的损失就会远大于收益，这样他们就会不惜一切代价来履行协议。换句话说，如果你借给一家公司50万美元，但你让对方用价值1000万美元的资产做抵押，那么公司所有者会不惜一切代价按期偿付，因为他们不想为了区区50万美元的贷款损失1000万美元。

关于投资的一个事实是，没有什么是百分之百保险的。你早晚会亏损。然而，作为一名生活方式投资者，如果能够学会运用相关的原则和戒律，了解如何叠加使用这些策略，你就能大大降低风险。让我们先来看一看降低风险的策略清单。

▶ 采用不同的风险策略

当别人带着协议条款来找你时，你可以说："违约条款就是这样的，你可以选择投资或不投资。"当然，有的交易是这样的，但大多数交易不是这样的。"一般来说，投资是有风险的"是无稽之谈。或许你只希望这次投资能够成功；或许你觉得风险太大，根本就不值得参与这场博弈。总之，不要自动接受这些条款，要创造性地降低风险。

你如果做足了功课，就会发现好的投资项目并非那么难以谈拢。你不能仅仅盼望得到最好的结果。你需要进行大量尽职调查，才能对大多数投资项目放心，然后，你需要合理安排投资结构。

我对我的第一笔移动住宅园区交易很满意，因为这是一笔卖方融资的交易，是一笔无追索权的贷款。也就是说，无论我以什么方式违约，卖方都无权追索我的其他资产。对方只可以拿回他的房产，以及扣留预付定金和利息。我知道，万一彻底搞砸了这笔交易，我不会拿我剩下的资产去冒险。

我喜欢卖方融资的交易，因为它没有追索权。但我喜欢这种交易还有一个原因：过程更方便、更快速。你不需要像和银行交涉那样经历烦琐的程序，没完没了地签名。如果你拥有良好的关系和信用，那么银行也是一个好选择。但我的习惯是避免和银行打交道。如果卖方愿意以 5% 的利率发行 10 年期债券，按 20 年或 25 年摊销，这就是一笔非常有吸引力的买卖，我不会遇到太大的风险。所以对我来说，这是真正的双赢。（我将在戒律 8 中详细阐述无追索权贷款、**卖方融资**和其他相关的投资选择。）

我将向你展示几个实例，并分析它们是如何发生的，以及每项投资是如何运作的。我想让你了解，如果综合运用我的原则、戒律、降低风险的技巧和策略的叠加法，你将得到什么样的超低风险投资。正如本章开头提到的，我的策略叠加法是一种结合多种非显著方式、以低风险获得更高收益的方法。

下面的例子对你来说可能太专业了，但本章的一个目标是向你详细展示典型的低风险交易是什么样的。你将学习如何运用生活方式投资者的投资体系。只要你远离情绪，坚持基本原则，并找到有创意的方法来叠加这些策略，这个体系就能给你带来持续可量化的收益。

我分享以下实例的目的是让你认识到，你可以评估任何交易（无论这笔交易是简单的还是复杂的），并且能稳操胜券。这意味着你可能会陷入一种看似赌博的境地，但你总能揣着口袋里的钱全身而退。

降低风险的策略

- 自学投资知识，了解你决定投资的具体项目。
- 做有抵押物支持的投资(抵押物的价值最好至少是贷款金额的2倍，谨慎一点儿)。
- 创造性地使用各种不同的抵押物，如房地产、应收账款、存货、设备、知识产权、股票和应收票据等。
- 匹配强有力的法律文件，从而防范风险，保障协议条款。
- 确保你对资产拥有优先担保权或第一留置权(这意味着你将优先获得偿付，在投资中处于最安全的位置)。

- 改进拟定条款，使之对你有利，并降低一些风险。
- 设法让对方预付点数或费用。
- 如果放贷，就启用绩效标准，只有借方达到这个绩效标准，贷方才会发放总贷款金额的一部分，以此限制借方可获得的贷款金额。
- 订立契约，把它当成价值衰退的防护栏；业绩一旦开始下滑，你就可以更改协议条款，让对方立即偿付贷款。
- 把个人担保当成保证投资安全的一种方式。如果对方违约，那么你有权追索他们拥有的其他资产，从而收回你的投资。
- 试试股票质押，这是另一个保证投资安全、提高对方履行合同条款概率的妙招。
- 在你的合同中添加违约利率条款。一旦有人违约，利率就会自动提高。
- 如果你是借方而不是贷方，选择无追索权债务，那么，一旦出现违约，除了与违约相关的资产，没有人可以追索你的任何其他资产。
- 加速分配计划是一种加快投资或贷款偿还速度的方式，目的是在更短的时间内收回投资资金。

▶ 实例：美国航空公司前总部

我曾有机会通过奥斯汀的一家商业房地产公司（我和这家公司做过几笔投资交易）投资位于得克萨斯州达拉斯的美国航空公司前总部。这是一个优质、高端的园区，由三座建筑组成，总面积 1 388 727 平方英尺，包括两个多层立体停车场。在 20 世纪 80 年代末，它的建造成本约为 4.9 亿美元，而现在其重置价值超过 4 亿美元。随着美国航空公司规模的扩大，旧的总部也相应地需要扩张，因此公司选择建造一个 200 万平方英尺的新园区。交易内容包括，在新园区竣工期间，将旧总部三栋大楼中的两栋回租 6 个月，从而降低投资者在此期间持有成本的风险。

虽然这几栋大楼已完全推向市场，但几乎没有增值办公运营商愿意承担重新平衡大型企业园区风险的重任。普通合伙人可以谈下每平方英尺 57 美元的折扣价，相当于重置成本的 12%。低基准使普通合伙人能够提供比市场价格更具吸引力的租赁协议。

为了找到一些高端租户（目标是全美最大、口碑最好的公司），在成交前的尽职调查中，该资产被好好地软营销了一番。对那些寻求超过 20 万平方英尺空间的租户来说，在整个达拉斯－沃斯堡市场，可供租用的大型商业建筑区域非常少，因此这笔交易更有吸引力。园区内不是只有一栋大楼，而是有三栋，可以满足潜在租户的需求。这种交割前策略降低了剩余两栋大楼的租赁风险，使经营者可以在成交 6 个月内签署其中一栋大楼的租约。

心态

我有机会在美国最佳地段之一以 7 295 万美元的低价投资一个由三栋建筑组成的高端 A 级园区。这几栋建筑现在是财富 100 强公司、政府机构和高安全级别的国防承包商的总部。这个机会对投资者来说是独一无二的，因为市场时机不错，我们是在 2020 年 4 月居家办公期间达成这笔交易的。我能迅速获得这笔资产，还得益于其他几个因素，而且价格相当好。

结构

以下是这项交易的结构。

- 10%的优先收益。
- 预计能在两年或更短的时间内回笼资金。
- 预计收益是初始投资的3.5~4.5倍。
- 这项投资预计会有4~5年的时间跨度。（我对需求和价格有信心，时间应该会短得多。）
- 据估计，投资25万美元，在4~5年内将获得87.5万~112.5万美元的收益。

过滤器

这处房产是处于美国最佳地段之一的优质资产，价格很好，有极大的增值空间和大量提高盈利的机会。这几栋建筑本身具有的一些特质，对需要高安全级别的租户充满吸引力，这延长了租赁期限，提高了房地产的价值。在交易达成之前，我们已经找到若干获政府支持的知名租户。

普通合伙人享有很高的声誉，600 多名个人投资者在通过该公司投资房地产的 28 年多的时间里从未亏损过。合伙人也曾创下 32% **内部收益率**的历史纪录，平均持有时间仅为 4 年多，且投资者的本金通常在一到两年内得到偿还。

谈判

在成交前的尽职调查期间，普通合伙人立即开始与两家全美最大的政府国防制造商和承包商、一家拥有数十家营业部的大型医院集团和医疗保健公司、硅谷最大的公司之一、全球最大的电子商务公司之一进行谈判，协商租赁可用空间事宜。这一举措进一步降低了我的风险。此外，普通合伙人向所有新投资者提供**看跌期权**，这使我（和我带来的所有其他投资者）能以任何理由在 30 天内收回所有投资，并且，这一权利在整个投资期间都不过期。

该商业地产公司的创始人兼总裁用个人的资产担保投资者

的看跌期权，所以即使这次投资失败了，他也会把自己的钱赔给投资者。我还证实了一点：即便所有投资者同时履行他们的看跌期权，他的流动资产净值也能支付 100% 的看跌期权。

交易回顾

如果这是与一个普通投资集团进行的普通交易，那么该集团可能会收取一些费用，支付一些利息，并在 5~10 年后收回他们的钱。不过，对于这笔交易，普通合伙人是这样安排交易结构的：投资者可以在一到两年内收回初始投资，并获得 400% 以上的投资收益。此外，投资者持有看跌期权，如果对交易本身或时间安排有任何不满意，那么他们可以随时拿回资金。

很多人忘了一点：谈判一笔交易的方式成千上万，只要不违反沃伦·巴菲特的第一条规则和第二条规则。你如果遵循这些原则和戒律，并在我的策略叠加法中添加尽可能多的元素，就能立于不败之地，永远都不会亏损。

· 第 9 章 ·

戒律3：
找到隐性交易

天空中布满了白天看不见的星星。

——

亨利·沃兹沃思·朗费罗

似乎每个人都想找到稳赚不赔的投资项目，找到占上风的机会，找到大发意外之财的法门，并认为这往往依靠某则小道消息或内部消息（但愿是合法的）。但是，当你在寻求隐性交易时，这绝对是一种错误的思考方式。相反，找到一笔隐性交易最好的办法是找到一家貌似陷入困境的企业，由于无法摆脱沉重的负担、包袱，或者受到某些过时业务的拖累而无法盈利。只有那些长年累月以同样的方式（或者错误的方式）来看待这些企业的业内人士，才看不见这样的隐性交易。

最近，我通过自己的投资人网络获得了一个机会，收购了Dressbarn，它是一家知名度极高的上市女性服装零售品牌企业，但实体店多年来一直经营不善。但是它在线上蓬勃发展，网络销售业绩很不错，这代表着巨大的机会。该企业拥有稳定的仓储、制造、包装和营销团队,但由于实体零售拖累了销售利润,企业陷入严重困境。

Dressbarn 的母公司 Ascena 零售集团是美国最大的专业零售商,专营女性服饰。尽管该公司曾经拥有多个知名零售品牌,但它专注于实体零售,没有与时俱进发展电子商务。在进行这笔交易的时候,该公司正处于破产的边缘,最终申请了破产保护。

通过我的投资人网络,我洽谈了一笔惊人的隐性交易。在我们成交之前,业内人士甚至对此事都毫不知情,具体包括收购 Dressbarn 品牌,并将其在线零售与实体零售分开。我为自己和我召集的其他投资者争取到了非常有利的条款。

根据最终协议,我们可以接管该品牌和品牌下的所有知识产权,自行决定我们以折扣价格购买的存货数量,为存货建立新的合作关系,继续与最好的供应商合作,清偿所有债务并履行租赁承诺,访问整个客户数据库(近 800 万客户),获得所有行为数据和客户数据。

先前的管理人员对老业务和长久以来的经营模式有着情感上的依恋,甚至变得有些目光短浅。他们对公司的忠心和既往的习惯使他们无法削减开支,发现新的机会。这笔简单但隐性的交易很容易打理。我们摆脱了沉重的负担,聚焦于可以带来利润的新资金。

任何经历过经济衰退的人都需要明白一个重要的事实:规模小、利润高比规模大、没利润好。投资人也知道这一点。当时这家公司有9 000名员工，我们聘用了其中最优秀的30名。

新的所有者团队中有许多聪明睿智、经验丰富的网络营销人员，他们知道如何利用这个品牌，通过影响力、建议和可预测的销售增长来成倍增加流量和收入。由于我战略性地选择了拥有专业知识的投资人和合作伙伴，因此在每笔交易中，我们都具有额外的优势。

作为一名外部投资者，我学会的一件事就是：确保自己拥有大量的、源源不断的**交易流**。此外，由于我建立了一个庞大的由投资人和私人客户组成的人脉网，大家都希望能参与高质量、低风险的交易，因此我们在几乎所有市场和行业中都拥有独家的、额外的优势。

▶ 综合收益

我在狮网上列出了几十个交易项目，这些项目都已经通过了审查，而且我将它们与数百个其他潜在的交易机会做了比较。我们只投资风险最低、收益率最高的交易——另一个关注点是在最短时间内收回本金。我已经和1号码头家具（Pier 1 Imports）、零售商Linens & Things、富兰克林造币厂（The Franklin Mint）、零售商Modell's、电子产品零售商RadioShack以及其他多家企业达成了和Dressbarn类似的交易。

以下是我在这些交易中为投资者争取到的综合收益：

- **月度现金流**：最低投资额低至5万美元，而每个投资者能获得占总收益20%的现金流，即5万美元的投资可带来每月833美元的现金收益。
- **额外激励**：投资者可获得高达其投资额20%的**现金红利**，根据票据期限结束时支付的投资额而定。
- **本金**：在一年期、两年期或三年期票据期限到期时，所有投资者将100%收回投资资金。
- **免费股权**：在本案例中，股权激励被称为一种激励，因为它是免费的。大多数投资都属于直接股权投资，因此每5万美元等同于一定数量的股本。本金得到偿付，再加上每百万美元投资额可获得高达3%的股权（取决于具体的交易额，如每10万美元获得0.3%）。因此，一个投入25万美元的投资者，可以免费获得0.75%的股权。

让我为你详细分解一下这笔交易，这样你就能明白，如果你是其中一名投资者，那么两年后你会得到什么。为了方便计算，我们不妨假设你投资了100万美元（尽管最低投资额是5万美元）。

你将每月收到一张16 666.67美元的股息支票，一年总计20万美元（两年为40万美元）。两年后，你的本金将全部收回。风险没有了，但你还会得到另外20%的现金红利，也就是20万美元。你还可以获得占公司股份3%的创始人股份，而无须额外支付一美分。假设5年后公司会以1亿美元的价格被收购，你手上的股票等于 300 万美元的额外利润（加上每年 3% 的股息，直到企业被收购，或企业选择利润分配，而不是将利润进行再投资以创造更高的退出价格）。

此外，如果交易出了问题，你已争取到了对用于抵押的知识产权的第一**留置权**，这对你有利，特别是由于这个品牌是低价购买的。品牌和知识产权真的很容易出售，你至少可以得到你为品牌支付的钱（如果不是比这个多得多）。此外，债务人而非股东的身份，意味着你比任何人都能先获得偿付，所以你的风险比直接投资股权要低得多。

在两年内从 100 万美元的投资中赚 60 万美元，并有可能在没有更多风险的情况下获得额外的 300 万美元（这时候这笔投资已经都是"**庄家的钱**"了，因为本金收回已经超过 100%），对我来说这似乎是一笔很划算的交易。还有，别忘了，这是一个大多数人认为正在走向坟墓的零售品牌。但在现实中，它正在通过电子商务快速扩张，而不是被现有的实体业务束缚。这就是我说的隐性交易。

我喜欢我正在做的事情。无论什么时候，我的投资人网络都会有 10~30 笔交易，在我初步评估之后，我会邀请这些投资人一起评估这些交易。当我与我的狮网成员合作时，我会出去寻找这样一些惊人的交易，争取到利益极其丰厚的条款，然后带他们接触这些交易机会。这些交易比大多数人投资的交易都要好得多，后者通常只符合我的投资戒律中的某一条。

▶ 隐性交易的两大指导原则

以下是我在寻找隐性交易时遵循的两条指导原则。

（1）关注新兴市场或主流之外的机会

这一原则可以应用于创新技术或目前处于重塑阶段的公司。我也喜欢那些更先进的新技术，它们将颠覆和改变一个行业的发展方式。

具体来说，在房地产领域，我喜欢通过在该领域已经建立的人脉网获得场外机会。例如，十多年前，独栋房屋或独栋出租已经兴起，但它甚至算不上一种资产类别。能够获得这些信息，并站在投资这种资产类别的最前沿，给我的投资带来了巨大的收益。

（2）关注经济发展趋势

跟上时代，了解正在发生的变化，例如电子商务已经成为世界领先的行业之一。此外，工业配送中心的需求将会更大，因为企业需要更多的空间存储存货，使其距离客户更近。将产品送到客户手中的最昂贵的成本，就是最后 1 英里[1]的开销。你

1　1 英里 ≈1.609 千米。——编者注

如果关注一下世界上正在发生的事，就会发现更多这样的新趋势正在涌现。

▶ 隐性交易的类别

以下是我看到的几类投资者可能会参与的隐性交易，因为这些投资引起了他们的共鸣。我经常通过辛迪加交易参与这类投资，或者创造投资机会，从我的生活方式投资者智囊团和狮网中集结投资者团体。

下面是一个运用了我的原则和戒律的隐性交易案例。

▶ 实例：IFM维修公司

IFM维修公司是一家针对房屋租赁市场的房屋维修养护公司，主要服务于房地产投资信托公司等大型机构、私募股权集团和大型物业管理集团。这家公司有自己的专用软件，这将它与业内其他公司区别开来。

心态

我听过很多播客，其中最喜欢的是，"我是如何建立这一

聪明投资者寻求的隐性交易

- 独家交易：必须有人引荐的封闭式交易。
- 付费参与的交易：你先前曾经投资的交易，或者需要支付一定费用才能参与的交易。
- **场外**交易：没有公开宣传出售的投资，这意味着购买这些资产通常没有竞争或竞争相对更少。
- 机构交易：通常为机构投资者预留的投资，但如果有恰当的机会，个人或团体投资者也可以参与。
- 非常规投资机会：其条款、结构和所涉行业是不常见的，经常被人们忽视。
- 新兴市场：正在上升的、相对小众的市场。
- 新领域：可能在未来成为主流的新观念或新行业。
- 聚焦于当下趋势的机会：基于当前经济形势和市场趋势的强劲投资项目。
- 颠覆性机遇：挑战现状并有潜力创造高于当下价值的公司或行业。
- 交易流网络：庞大的投资者团队，每年经手或评估的交易多达成百上千笔。
- 投资生态系统：由见多识广、经验丰富的投资者组成的小团体，他们喜欢分享自己学到的知识和正在参与的投资。

切的"（How I Built This）。它启发了我的思考，让我深刻理解创业需要付出的努力。我还与许多成功的企业家合作过，他们能够迅速扩大企业规模，并创造丰厚的利润。另外，密切关注新兴市场和消费趋势也是我的目标，它们可能会带来巨大的机遇。

在做这笔交易的时候，独栋住宅租赁是房地产市场增长最快的领域之一，而独栋住宅最大的收购方对可靠的维修服务的需求是真实存在的。然而，没有一家公司已经成功地将其规模扩大到能够满足这一需求的程度。这一明显未被满足的需求，意味着一个可以涉足这一行业或者至少可以从中分一杯羹的好机会出现了。而且从更高的层面看，它可能会颠覆房屋维修市场的运作模式。

结构

我的投资方式之一是为 IFM 维修公司提供信贷额度，因为该公司无法申请到足够的贷款。这次交易的两个合作伙伴都是聪明勤奋的人，他们对未来充满了美好的期待。我提供的很大一部分价值是争取到足够的贷款以扩大公司规模。我不需要直接向这家公司投资任何资金，只需要为他们开通一个每月都会按期偿还的循环信贷额度。

我为这家企业提供了一些建议，帮助他们招聘人才、培训员工、开发团队、拟定招聘协议等。另外，我能够利用我的人脉提供一些关系，这将帮助 IFM 维修公司更快地扩大规模。在最初的几年里，我还帮助 IFM 维修公司确保拥有适当的保险，以防范任何可能对公司产生巨大负面影响的事情。

过滤器

我对这项投资的风险状况很满意，因为下行风险控制到了最低，而指数性收益的潜力很大。我最多失去我的最高信贷额度，这是我可以承受的损失。然而，如果投资像我想象的那样成功，那么收益将是指数级的。我也喜欢有强大运营合伙人参与的投资项目。在这个投资项目中，我有两个非常强大的运营合伙人，我知道他们的职业道德无可挑剔。

谈判

这次交易是独一无二的，因为我没有像运营合伙人最初提议的那样，成为和他们一样的持有股权的合伙人，而是把我的股权头寸减到了 20%。我知道我不会像我的合伙人那样把很多精力放在工作上，而这个比例符合我的生活方式投资原则。我想保护我的时间，确保这个商机不会对我的家庭产生负面影响，我一直把家人放在第一位。

交易回顾

两位合伙人对我关于股权比例的提议非常兴奋,这对我来说也很有利,因为我不想像他们那样投入大量时间。一开始,我主要以**资本合伙人的身份**参与,随后我帮助公司建立了许多目前已经比较完善的体系。然后,我就可以无限期地放开手了,我相信公司会得到很好的管理。

这项投资就像一记本垒打。公司早期的表现很好,我拿到的利润分配总额超过了我承担的最高信贷额度的风险,所以这笔交易没有让我蒙受任何损失。最后它成为一笔为我带来数百万美元的交易。该公司目前仍在发展壮大。

现在,IFM 维修公司已成为独栋住宅租赁领域的行业先锋。得克萨斯州最大的风险投资公司 S3 Ventures(总部在奥斯汀)与总部在旧金山的 Brick and Mortar Ventures 共同领投 **A 轮** 1 000 万美元,这让 IFM 维修公司融资后的估值达到了 4 300 万美元。

· 第 10 章 ·

戒律 4：
迅速收回本金

仅仅渴望得到是不够的。
你必须问问自己，为了得到你想要的东西，你可以做些什么。

富兰克林·罗斯福

想象一下，如果你可以花 50 万美元买一套房子，两年后收回所有资金，然后把这笔钱投到另一套房子上，同时还能从上一套房子的净值中获益。现在你再想象一下，让这样的循环继续下去。这太令人兴奋了。

如果你能做到这一切，同时还不需要那么麻烦地购买、持有和出售每一套房子，又会怎样呢？我已经说过我多么喜欢房地产，但是当你成为业主的时候，很多问题就出现了，你得处理它们。我现在要和你们分享的是一个非常有效的策略，它能让你在很短的时间内获得所有好处，又不承担任何风险，而且不需要你付出额外的努力。

让我来描述一笔完美的交易。你将资金投入这笔交易，不到两年你就收回了所有成本，同时你还能保留股权。将这一资产出售后，它能为你赚到额外的收益，并在持股期间持续产生现金流，它还能为额外的激励（或意外之财）争取减税。我喜欢意外之财，你呢？

与生活方式投资者相比，传统投资者面临的最大挑战是组建和扩大团队的复杂性。我们很容易陷入这样一种境地：团队运营成本、所有日常开支和你付出的时间可能会超过你将获得的利润和你必须承担的风险。

▶ 快速收回本金的交易

让我来解释一下**快速收回本金**的交易是如何运作的，以及为什么你只需要冒很小的风险就能获得我刚才描述的所有好处。这个策略（或戒律）的目标是：1~3年收回你的本金，而不是像大多数投资活动那样，要等到5~10年才能收回。

假设你可以用10万美元投资一处价值1 500万美元的房产，但由于这是一笔私人场外交易，你以1 275万美元买下了它。如果投资出了什么问题，那么你很有可能不会赔钱，因为购买价格是打过折的。在第一年，你投入的钱可以得到10%的优先收益，每季度支付一次：每季度2 500美元，每年1万美元。在这个交易中，一年半后（如果不是更早）你就可以收回你的10万美元本金了。

此外，收回的本金是不需要纳税的，你只需要为每年1万美元的收益纳税。还不止如此，由于这笔交易是一项房地产投资，因此你会获得加速**折旧**，这可以让你在纳税时显示亏损。你还将获得该特定投资的股权，在本案例中为 0.75%。

实际上，我一年前就做了这项投资，由于我们对该房产进行了修缮，入住的租客增加了，并且我将租金提高到了市场价，现在这处房产的价值已经超过 2 100 万美元，我 0.75% 的股权价值 158 250 美元。

我总是听别人说，期待投资能够快速产生总体收益、快速收回本金是不合理的，所以这不是大多数人追求的目标。他们甚至都没有注意到，可能有更好的投资方式，而不仅仅是投资传统的房地产交易。传统的房地产交易需要很长时间才能产生收益，且投资资金会被长时间锁定。

我还经常听别人说，"我期待能在 10 年内收回本金"，或者"也许我再也看不到这笔钱了，但这似乎是一项不错的投资"。这样的想法使那些投资误解一直流传下去，而事实上，它们只反映出人们对实际存在的投资选择缺乏了解。是的，你现在就可以投资但可能再也见不到本金的项目非常多，需要等上 10 年或更长时间才能收回本金的项目也非常多，因为你必须等到一家公司发生某种**流动性事件**（如果你进行直接投资或股权投资）。但事实是，还有好几种其他投资方式，可以让你在获得现金流的同时仍然拥有股权。

目前，我和我的客户有好几笔一年内将收回本金的交易。其中有些是房地产交易，有些是债务交易，也有一些是结构独特的投资运营公司的交易。有的交易再过一两个月就能全额收回本金了，有的交易已经全额收回本金，所以现在我们完全没有交易风险，还能获得上行收益。这种结构的投资是我最喜欢的投资之一。它们也是生活方式投资者喜欢的投资。

▶ 资金周转速度

对我来说真正重要的是资金的流动性，即资金周转速度。我会在戒律 4 和戒律 5 中专门讲这一点。这两条戒律很重要，因为它们都有助于加快**资金周转速度**。你可以将每月或每季度获得的现金流用于再投资。你也可以收回本金，然后再投资。

在理想情况下，无论何时投入本金，你都希望获得某种形式的股权。这样做能使你的一部分投资额随着时间的推移继续增值，然后你就能获得上行收益，即使你的初始投资已经收回。所以，你的"庄家的钱"会持续不断地增加。换句话说，当你收回本金后，你的投资仍然有巨大的收益，但风险为零。你知道这一点，我已经讲过了。

让我们进一步看看本金收回对资金周转速度的影响。大多数人投资的都是长期交易，资金可能被锁定了，或者投资人明白，在十多年里都不能碰这笔钱。例如，通过退休账户和长期买入并持有的策略进行股市投资、风险投资基金、没有现金流甚至可能永远不会有现金流的新房地产开发项目，以及几十年都不会产生收益的股权投资。在这些情况下，你的资金没有得到充分利用，相当于被闲置了。你希望得到丰厚的收益，但你自己也没有多少信心。

与其把资金绑在一项投资上10年并等待高收益的到来，不如用同样的资金投资5笔或5笔以上一年期或两年期、能立即产生现金流的交易。这一策略仍然允许你持有股权头寸，所以即使你相对较快地撤出初始投资，你在几笔交易中也能获得上行收益。

请注意结果，同时注意资金周转速度对结果的影响。你一直都能获得现金流，你化解了投资风险，因为你收回了交易的本金。即使把所有本金都收回了，你也能获得一些股权。最重要的是，从长远看，你可以参与任何大规模退出。更重要的是，你已经使用相同的策略，用同一笔钱做了5笔交易，因为每次投资后你的本金都收回了，你在用同一笔本金反复投资。

考虑到短期投资和长期投资的潜在可能性，我相信，在同样的10年中，这5项投资带给你的收益将大大超过一项投资带给你的收益。只投资一个项目相当于把所有鸡蛋放在同一个篮子里。而投资多个项目可以使你的收益大大增加，因为你在一次又一次地利用这些资金。

现在让我们回顾一下前一章提到的Dressbarn的案例。这家公司后来被低价收购了，这类似于一次清算事件。这笔交易的结构是一年期票据、20%的利息、月度分配。在一年期满时，"气球膨胀"式付款生效，实现本金收回。这笔交易完美地诠释了如何从一家公司获得巨大收益：每月获得可观的现金流，一年内收回全部资金；保留长期股权；然后把同一笔资金投入另一笔交易，如法炮制。

下面这个例子也完美地诠释了这些要点，并阐明了如何快速地从投资中收回本金并重复利用这笔资金。

▶ 实例：私营多户辛迪加

这些年来，我与不同的经营者合作，投资了不少私营多户辛迪加。其中一个辛迪加在美国几个州拥有 2 600 套公寓，管理着 3 960 万美元的资本和 2.25 亿美元的资产，贷款总额达 4.27 亿美元，持有超过 5 100 万美元的有券公债。投资一家拥有良好业绩记录、在本地市场有强大经营者的私人辛迪加是一种简单的投资房地产的方式，不涉及复杂的传统所有权问题。

心态

经常和那些正在创造最大交易流的重要人物会面。找到合适的机会并腾出时间打造人脉，对我研究新的投资并做出决策很重要。

投资会议是我认识聪明投资者的平台之一。我会与在会议上发言的投资者和辛迪加组织者主动建立联系。你可以积极地结识一些你认为非常适合纳入你的人脉网的人,也可以主动和你想进一步了解、学习其专长的人联系,这些都是很重要的。在辛迪加组织者发言后,我找到了他,与他熟悉起来,了解他的专业领域,并针对我是否适合和他做交易进行了一番研究。

结构

以下是这笔交易的结构:

- 10%的优先收益。
- 季度分配。
- 一年半内收回本金(我曾经做过短短一年就收回本金的交易)。
- 在一年半期满后**按投资比例**获得再融资收益(根据免税代码,所有的再融资收益都是免税的)。
- 每年按所持股权的百分比进行股息支付并长期持续。
- 如果该房地产出售,投资者可以获得股权收益。
- 长期增值。
- 折旧转嫁到投资者身上。
- 一年半的年化收益率为41.35%。

当我从尽快收回本金的角度回顾这笔交易时,我知道这项特别的投资是我投资组合的一个坚实补充,因为它带来了巨大的收益,但风险很低。

过滤器

学习如何筛选投资项目的秘诀是:腾出时间,和那些长期赚钱、没有赔钱、正在创造大量交易流的聪明的投资者交流。这项特别的投资处于一个坚挺的市场。这是一个增值项目,在这笔交易中,经营者将接手一处目前表现良好的房地产,对其进行修缮,从而收取更高的租金。

当时的入住率已经超过 90%,市场需求强劲,而且竞争并不激烈。我还喜欢这样一个事实,那就是我可以很快地收回本金,并且仍然能长期持有股权。

谈判

私营多户辛迪加交易通常很难达成,所以我努力了一番,通过与最优秀的普通合伙人和经营者建立联系,让自己在其他投资者之前接触到他们的独家交易。我的人际关系让我有机会先于其他投资者进行投资,并让我的一些朋友也能参与交易。

通过提供远远大于投资本身的巨大价值,我已经和这个辛迪加组织者(以及其他许多辛迪加组织者)建立了良好的关系。多亏了这种关系,我和我的朋友才能赶在辛迪加把机会提供给其他投资者之前,参与未来的很多辛迪加投资。这对我和我的人脉网来说都是一个巨大的福利。我还为我的团队争取到优惠条款,在很多其他的投资中,我也经常这样做。

交易回顾

在这笔特殊的房地产交易中,我获得了10%的优先收益,按季度支付,直到我的本金在18个月内得以收回(事实上,在接近一年时就收回了)。在房产再融资后,我不仅收回了本金,还使我的那一部分再融资收益得以免税。此外,尽管我的本金已经收回,而且获得了超过41%的收益,但是在这笔交易中我仍然持有长期股权。事实上,我打算永久持有这一股权,因为这个私营多户辛迪加喜欢购买并持有。所以,我做了最划算的买卖。

我拥有不需要我出资而且能继续增值的股权,很快我就收回了投资本金。更重要的是,在获得股权的同时,我的资金没有被锁住,至今我还能获得一些现金流。在未来某个时候,如果对方决定出售房产,那么我会按比例出售我的股权。

· 第 11 章 ·

戒律 5：
立即创造现金流

我是一个关注现金流的人。
如果今天它不能让我赚到钱，那就算了吧。

罗伯特·清崎

提到移动住宅园区，你首先想到的是什么？如果财富不是你首先想到的东西，那就请你继续往下读吧。

不久前，我的妻子跟我说："你绝对想不到发生了什么事。"当时，她刚接到父母的电话，他们说了一件可怕的事。在她的家乡——一座位于美国中西部地区南部的城市，特殊武器与战术部队（SWAT）的一个特别小组穿着防护服出现在一个移动住宅园区中。SWAT 在公园里巡逻的原因是：他们收到举报，称那儿有一个制毒工场。新闻、广播、这个城市最大的日报的头版都对此进行了报道。

我觉得好像被人狠狠踢了一脚。因为那个移动住宅园区是我投资的。我最不需要的就是负面新闻。

SWAT 经过进一步调查，并未发现所谓的制毒工场。但是，新闻媒体并没有撤回之前的报道，也没有进行澄清。就在我以为这件事就这样过去的时候，我得到了一个好消息：在接下来的三个月里，园区新增了 5 名租户。俗话说，没有不利的公共关系，也没有不利的市场营销。这句话应验了。

我为什么要告诉你这件事？有时候最容易得到的收入、最简单的交易并不是最显而易见的。这个故事足以说明我是如何通过投资房地产，特别是移动住宅园区，赚了数百万美元的。

▶ 作为房地产投资标的的移动住宅园区

也许你心里在想：住在移动住宅园区的人一定很难打交道。请听我把话说完。移动住宅园区是一项很好的投资。第一个原因是：如果你知道自己要找什么样的交易，并精心安排，做一笔明智的交易（低首付，能产生即时现金流），而且可以做卖方融资，你就不需要银行了。

以最少的投入获得最大的收益。

就我而言，我只付了 15% 的首付，也就是 6.5 万美元，就投资了我的第一个移动住宅园区。它立即产生了每月 2 000 美元的净收益，即每年 2.4 万美元。这项资产在第一年就产生了 36% 的现金收益率。现金收益率是指，只根据首付款中实际投入的现金计算的收益率。在这个案例中，是指在改良房产和提高租金之前的投资收益率。

我的第二个移动住宅园区投资项目是与同一个卖家洽谈的，首付是 15%（7.5 万美元），并立即产生了每月 3 375 美元的收入，即每年 4.05 万美元。现金收益率为 56%。

城市通常不欢迎移动住宅园区，往往试图将其重新开发成其他形式的房地产。美国只有 4.4 万个移动住宅园区，每年大约有 100 个被重新规划和开发成更有价值的房地产。这意味着它们属于有限资源。

移动住宅园区是租赁资产，属于美国国税局允许应用加速折旧的资产类别，因此你不需要对你所获得的所有利润缴税。同样，购买移动住宅园区的收益率是房地产市场中最高的，这基本上意味着，它们能以最低的成本产生最高的收益。最重要的是，它们的风险是最低的。另外、如果你需要贷方，移动住宅园区是房地产中违约率最低的一个资产类别，所以相对容易获得传统的银行贷款——如果没有卖方融资机会。

被动收入和美国国税局

在你的投资之旅中，你要记住一个有趣的事实，在美国(和大多数其他国家)，**劳动收入**是税率最高的收入类型。换句话说，你从工作或生意中获得的收入，比你从其他来源获得的收入缴纳的税更多。而**被**

动收入是税率最低的收入类型之一。通常，根据投资情况，有许多方法可以大幅降低应纳税的被动收入的比例，包括折旧和扣除。被动收入的税款甚至有可能得到全额减免。

你或许应该知道，如果没有任何劳动收入，所有的收入都来自投资，那么美国国税局会有一个"消极投资者"的名号送给你。实际上，被动投资者依法缴纳的税款比例是最低的。

大多数人把美国国税局的税法看成一些告诉你能做什么、不能做什么的规则。如果花点儿心思研究一下税法，你就会发现，它能引导你根据政府的鼓励措施，投资一些政府希望你去投资的项目。我喜欢房地产，特别是房地产租赁的一个原因就是，政府希望为公民提供适宜的住房。政府通过提供税收优惠来激励那些想投资住房项目的人，你如果只为别人打工，就无法获得这些优惠。你如果遵循税法，并且按照政府引导的方向去投资，就能节省很多钱，同时还能帮助你的国家。

由于你有多个租户，因此你的风险进一步降低。即使一两个租户拖欠租金，你也不会像那些只有一个租户，而且租户无法按时支付租金的投资者那么痛苦。由于租金便宜，空间有限，即使真的有必要收回房屋，园区也会很快重新住满人。对大多数租户来说，移动住宅园区比公寓更受欢迎，因为他们能享有院子、土地、更多的生活空间，而且楼上没有人住，也不需要和隔壁的邻居共用一面墙。

许多移动住宅园区的业主缺乏经验和资金，所以你很容易进行交易，进行简单的基本的修缮以增加物业的价值，并按照市场行情逐步提高房租，这几乎都会产生利润。对投资者来说，移动住宅园区很符合买入并持有的策略，而且很容易转手，尤其是在你知道如何找到合适买家的情况下。让我再举一个我投资移动住宅园区的例子。

▶ 买入后转手

我的第三笔移动住宅园区交易比前两笔要大得多。我发现了这个移动住宅园区，并直接与业主（一对儿想要退休的夫妇）进行洽谈。我们判定这处房产的价值为96万美元，包括28套住宅和一个大工场。我把这笔交易分成两部分，土地由银行提供资金，作为私人财产的房屋则单独出售。银行对这块13英亩[1]的土地的估价为80万美元，首付为16万美元，利率为

---

[1] 1英亩≈4 046.856平方米。——编者注

4.5%，10年期贷款按20年摊销。我每月需要为此支付4 000美元。

接下来，我把这28套住宅的价格谈到了非常合理的15.5万美元，约等于每套房5 535美元，而这些房子的价值在每套1万至2万美元之间。此外，我还谈下了零首付、10年期票据、按13年摊销、零利息的条件。我每月只需为此支付1 000美元。

令人兴奋的是，这项投资立即产生了现金流，在经过一些基本的修缮、提高租金后，我的每月盈利为1.4万美元。在第一年年末，我的现金收益率为105%，在首付只有16万美元的情况下，我一共获得了16.8万美元的利润。

一年零一天后，我以120万美元的价格卖掉了这处房产。这为我带来了24万美元的利润，加上第一年收到的16.8万美元的现金收益，仅仅一年，这项投资就产生了40.8万美元的总利润。我把出售时间定在一年零一天后，这样我就能避免缴纳在不到一年内出售房地产需要缴纳的**短期资本利得税**，而后者是按普通所得税税率征收的。**长期资本利得税**是打折的，只有15%~20%，具体数值取决于你的税率等级。

▶ 1031交换条例的优势

关于房地产投资，我还有更多好消息。在美国，有一种办法可以用利润再投资更多的房地产，以避免产生长期资本利得

第11章 戒律5：立即创造现金流

税。这是一种名为"1031交换条例"的金融工具，你可以加以利用。我用出售一个移动住宅园区获得的收益购买了两个移动住宅园区，通过运用相同的模式，我的每月现金流翻了一番。

从这个例子中你可以学到两点。第一，当你理解并综合运用各项原则和每一条戒律时，你的利润会成倍增长，风险会降低。你可以找到很多方法去洽谈惊人的交易，就像我的这笔交易一样。

第二，你可以思考一下，为了学习移动住宅园区投资，自己做了哪些事。为了学习如何进行移动住宅园区投资，我聘请了一位顾问，他教给我不少这一行的生意秘诀，以及如何以合理的结构构建一笔基本的交易，随着本领的提高，我扩大了交易的规模。不那么完美的是，我的顾问没有给我带来任何交易机会。虽然我渴望他能帮上忙，但他忙着经营自己的生意。

1031交换条例

1031交换条例得名于《美国税法典》的1031条款，它允许投资者推迟支付投资性房产出售时缴纳的资本利得税，只要另一套相似种类的房产是用第一套房产出售时获得的利润购买的。从本质上讲，投资者可以通过不断利用这一条款，无限期地避免在出售投资性房产时缴纳资本利得税。

现在，我的狮网客户都喜欢与我合作，因为我擅于寻找合适的项目，帮助他们组织和谈判，并为他们找到创造性的方法降低风险，增加现金流，快速收回本金并合理避税。我决定培训新人、传授经验，因为，在20年前我刚开始投资的时候，如果有人和我分享这些策略和原则，那么我一定能在更短的时间内构建一个规模更大、收益更高的投资组合。

你可能想知道，为什么我在不需要工作的情况下还如此热衷于我的狮网。这是因为，我喜欢传授经验，喜欢与别人建立长久的友谊。最让我感到兴奋的经历之一，就是指导人们获得财务自由，这是世界上最美好的感受之一。我可以在我的社交圈中持续不断地体验这样的感受。

▶ 房地产私募基金投资

在上一节中，我分析了投资私营多户辛迪加的策略，这是直接进行房地产投资的一个例子，即直接投资特定的签约转让的房地产（例如房屋、公寓、移动住宅园区、储存设施）。在那个案例中，我获得了直接拥有该资产的实体的所有者权益，目标是立即产生现金流。

下面我将谈谈**房地产基金**投资。和上一个例子一样，很多人可能都没有意识到这也是一种选择。投资房地产基金是间接房地产投资的一种，因为你不是直接投资某项资产，而是购买拥有许多资产的基金或信托的股份。

房地产基金投资可以通过股票交易所的公开市场进行，也可以通过**房地产投资信托基金**（REITs）进行，但我更喜欢投资房地产私募基金，因为其波动率更小，通常有更多的现金流和更高的总体收益。（我将在下一章更详细地介绍房地产基金投资的细节。）

▶ 实例：房地产私募基金

我通过我所属的一个投资集团认识了一位经纪人，他是一位非常棒的投资分析师，我们很合得来。我们有很多共同的朋友，大家都很尊重他。他比我更善于分析，所以我们组成了一个很好的团队。另外，鉴于他取得的成就和声誉，我知道我可以相信他做的市场研究。我们开始一起分析投资项目，我们认为，如果我们中有一个人看好某一笔交易，并且这笔交易同时通过了我俩的评估，它就可能是一个不错的投资项目。

这名经纪人和我分享了他的很多交易，我也做了同样的事。到目前为止，我们的"两人总比一人强"策略取得了非常好的成效。我们投资了不少持有不同资产类别的房地产私募基金，也获得了令人兴奋的收益。

心态

作为一名房地产经营者，我投入大量时间学习一名出色的经营者所需知道的一切。所以，当我开始投资其他人经营的生意时，我知道我的目标是什么。总的来说，我也是基金体系的忠实粉丝。

假设一只基金持有100处房地产，如果其中一处表现不佳，那么这对整体收益不会产生太大影响，因为其他99处房产可能表现不错。然而，我如果直接投资那一处表现不佳的房产，就会赔钱。投资基金是一种很好的方式，可以将风险降到最低，可以让你分散投资不同地点、规模和类型的房地产。

结构

多年来，我根据不同的条款投资了若干基金，举例如下：

- 优先收益：8%~10%。
- 按月分配（有时为按季度分配）。
- 内部收益率（IRR）为15%~25%。
- 2~3年收回本金。
- 本金收回后的利润分成（每笔交易的分成各不相同，从投资者分得80%、基金经理分得20%到双方各50%，各种情况都有，常以80/20、70/30、60/40和50/50表示）。

- 折旧按比例传递给投资者（大量利润不用纳税，通常来说，加速折旧可以让你在一开始获得更大的扣除额，并且可能不需要针对这方面纳税）。

过滤器

这种投资能持续产生月度或季度现金流，我喜欢这一点。房地产基金是投资房地产最安全的方式之一，因为一只基金持有很多房地产，这样可以降低不少风险。这里的关键是，只投资这样的基金。事实已经证明，其普通合伙人和本地经营者在经营特定类型的房地产方面拥有长期经验和成功先例。我还得确认，在将市场因素和资产类别纳入考虑的前提下，其财务数据可观且合理。

我所投资的基金拥有经验丰富的经纪人和可观的财务数据。即使保守估计，我也能获得巨大收益。我也喜欢投资会精心选择所持资产的基金，还有专注于那些通常不受经济衰退影响的资产类别的基金。

谈判

即使是在投资基金的时候，我也经常会洽谈很多条款。有些基金具有排他性，我们很难接触到，而且其最低投资额通常很高。一切都可以协商。我会根据自己的投资意愿商定最低投资额,而不是基金规定的最低投资额。

如果我有一定优势,比如我有一大群同样有兴趣的投资者朋友,我就会试着洽谈优惠条款。这些条款包括免除费用、支付更高的优先收益,以及改善利润分成情况。此外,我喜欢赶在其他投资者能够认购并超额认购未来的基金之前,通过谈判优先获得认购权。在下一章,我将更详细地解释如何利用侧挂车协议敲定优惠条款。

交易回顾

要想立即创造现金流,你应该综合利用上面所有的原则,特别是过滤器。在评估一项交易时,不仅要根据财务状况和资产类别做出判断,还要根据经营这些交易的普通合伙人和经纪人做出判断,这一点极其重要。成功的投资者会发现,拥有经验丰富的普通合伙人和强大的经纪人与拥有强大的财务实力同等重要。缺少其中之一就不是一桩好交易。这几者不可或缺。

此外,你要认识到,有时最不明显甚至不受欢迎的投资却能产生最可观的现金流,这一点很重要。移动住宅园区和工业仓库就是很好的例子,这些资产通常是通过房地产私募基金购置的。乍一看,它们可能没什么吸引力,甚至听上去有点儿古怪。然而,它们的首付通常很低,而且风险很低(特别是在你的购买价格足够便宜的情况下)。如果这些房地产不是归机构所有,那么融资通常是由所有者完成的,而且很容易进行修缮，这会立即增加现金流。在许多情况下，需要修缮的地方很少。

无论经济是上行还是下行，低收入住房（如移动住宅）都是一种很棒的投资项目。每个人都需要一个住所，即使是城镇中最廉价的住房。同样，工业配送中心也是一种很棒的投资。随着电子商务的蓬勃发展，对工业配送中心的需求比以往任何时候都大。最重要的是，由于你投资的是房地产，因此能享受巨大的税收优惠。一个聪明的投资者如果能自律地聚焦于这类资产，那么无论时局好坏，他都能赚一大笔钱。

· 第 12 章 ·

戒律 6：
找到一个收益放大器

决定要坚定，方法要灵活。

——

托尼·罗宾斯

"等等，还有！"电视购物节目主持人就是这样说的。他们通过给出种种优惠，甚至以在价格不变的情况下额外赠送其他产品并提供免费送货等条件，让一件商品变得不可抗拒。

如果你是一名普通投资者，那么每年能获得 8%~15% 的利润，你就很高兴了，不是吗？如果你能让对方提供抵押物，保证你能收回本金和利息呢？那么你会欣喜若狂，对吧？那简直是买一送一的买卖。

在本章中，我将向你介绍"收益放大器"这个概念，并让你了解利用多重收益放大器能给投资者带来怎样的好处。**收益放大器**指的是任何有助于提高投资收益的机制或条款。交易结构有很多，你能获得的收益放大器越多，投资收益就越高。

不过，在讨论收益放大器之前，我想纠正新手投资者（甚至许多有经验的投资者）一个错误观念，即拟定的条款是不可更改的。但大多数时候情况并非如此。

▶ 条款是可以商谈的

在对方提出交易条款后，我总喜欢再洽谈一些能改善投资效益的内容，无论是我自己投资还是组织多名投资者参与交易。在某些情况下，团队可能会为我带来更大的影响力、更多的优势和更强的谈判力，从而敲定更好的条款。

▶ 投资收益放大器

投资者可以用的收益放大器有很多种，但普通投资者很少使用它们。以下是我最常使用的收益放大器：

- **洽谈优惠条款**：改善投资效益的条款。
- **侧挂车协议**：带有预先商定的优惠条款的协议附录或协议。
- **共同投资机会**：在基金之外与基金经理一起投资某一特定交易的机会。
- **股权激励**：作为一种激励手段免费赠予的股权，目的是使一项投资的收益更加可观。

- **认股权证**：一种在未来以特定价格购买股票的期权。
- **收入份额**：支付给投资者营收的一定比例，通常和月度分配一起支付。
- **清算优先权**：规定在公司出售或清算时所得收益的支付顺序的合同条款。
- **顾问股份**：商业顾问通常会以其参与公司事务的职权换取普通股期权作为报酬，期权可以转换为公司的股权。

除了上面列出的这些收益放大器，还有三种收益放大器值得特别注意，下面将进行更详细的说明。

- **债务投资**：一种贷款形式的投资，而非直接股权投资。债务投资人能收回本金并获得投资收益（还有可能通过谈判获得额外的收益放大器）。而股权投资可能不会收回本金，或者即使能收回也要等到很久之后。
- **加速分配计划**：以直接股权而非债务的形式进行投资，但有更快的还款计划。这种放大器能使你在较短的时间内收回初始投资，而不是按照标准分配计划基于**经营协议**中列出的股权分割约定的时间。
- **利润权益**：这是一种基于合伙企业未来价值的股东权益。从税收的角度看，它往往比股权更好，因为在持有期间不需要纳税。对**利润权益**征税，应征收的是长期资本利得税，而不是短期资本利得税，后者的征税方式和普通收入、权证相同。

在很多交易中，人们投资种子轮（种子轮是对一家公司的早期投资，在该公司能够盈利并显示出持续发展的迹象之前）的目的是希望获得一定数量的股权，并且希望该公司能够成功。如果发生了流动性事件，公司就会根据投资时的公司价值和发生流动性事件时的企业价值倍数偿付给投资者。然而，大多数公司最终没有发生投资者盼望的流动性事件；而且大多数公司最终都没有成功，所以投资者可能再也看不到他们的资金了。

我更喜欢换一种方式构建初始投资，具体来说，就是将其变成债务投资，作为给公司的贷款，而不是直接的股权投资。然后，除了债务结构，我还可以协商一小部分股权或认股权证，作为投资激励立即兑现。这部分股权或认股权证是免费的额外激励，不需要我花一分钱！

认股权证是一种期权，投资者可以根据当前的估值，以预先确定的**行权价**购买一家公司的股票，如果在未来的某个时间公司显著增值，投资者就能通过行使认股权证获利。认股权证与股权类似，但更像一种**清算优先权**。这意味着在公司出售时，你可以排在股权持有人甚至债务持有人之前优先获得偿付。

总之，你可以利用我常用的某一种收益放大器进行投资，而不是直接投资某家公司的股权，因为直接投资股权可能会让你在很长一段时间内无法获得收益。比如，你可以投资带有加速分配计划的股权，以迅速收回你的本金。或者，你可以贷款给对方并要求附加股权激励，以争取获得较高收益，并立即产生现金流，更快地收回本金。另外，由于股权激励的存在，你仍然能获得该公司的上行利润。

我最近投资了一家著名的公司——富兰克林造币厂，该公司通过电视、网络、邮购目录和杂志销售硬币。与第9章提到的Dressbarn类似，由于没有足够迅速地转型，富兰克林造币厂很快就把自己逼到了墙角。

我参与的一个投资辛迪加把成员们召集起来，洽谈了一个简单易懂但并不寻常的投资结构，这就是典型的"等等，还有"式交易协议。我通常洽谈的是15%~20%的利息，而辛迪加成员决定做出一些改变。他们同意将占总销售额10%的月度分配作为权利金支付（这个细节以后会变得很重要），并在此基础上增加了以下收益放大器：

- **1号收益放大器**：洽谈基于总收益的月度分配。
- **2号收益放大器**：通过谈判将市值超过1亿美元的**控股公司**作为抵押物来控制下行风险。如果投资失败，控股公司的价值明显高于收购富兰克林造币厂这项相对较小的投资，这样做就能提供强劲的保护，避免损失资金。在本例中，抵押物的价值是购买富兰克林造币厂价格的20倍以上。
- **3号收益放大器**：按照初始投资的20%支付现金红利，这笔钱将在3年期票据到期时支付。

- **4号收益放大器**：每投资100万美元增加6%的股权激励。由于这是一种投资激励，股权实际上是免费赠予的，投资者并不需要出资购买股权。把如此多的股权作为投资激励，真是令人难以相信。通常情况下，即便对方愿意给你股权激励，其数额也会很小。
- **5号收益放大器**：将本金总收益控制在初始投资额的2倍以内（本金收益率不超过100%）。这是对方要求的。他们保证最多三年使我们的初始投资翻倍，但实际上我们预计只需要一两年就能实现。这个收益上限保护了富兰克林造币厂的收益。但对我的投资者团体来说，这也是很不错的短期收益。

让我为你详细解析一下这笔交易，看看它是如何运作的，以及预期收益有多少（如表12-1所示）。想象你是一名投资者。

表12-1 交易运作情况

	现金数额	股权	权利金	现金红利
你的投资	100万美元	6%	10%	20%
付权利金后你得到的收益	200万美元			
第三年结束时你得到的收益				20万美元
你得到的总收益	220万美元			

第12章 戒律6：找到一个收益放大器

如果这项投资需要三年的时间才能达到 100% 的本金收益率，外加 20% 的现金红利，那么每年的收益率是 40%，三年的总收益率为 120%。如果只需要两年就能实现 100% 的本金收益率，那么每年的收益率将达到 60%。无论怎么看，从条款内容来分析，这笔交易几乎都是只有巨大的收益，没有什么风险。

我最喜欢的就是这种**风险/收益不对称**的交易，这意味着投资的下行风险得到了有效控制。即使我会赔钱，也不会赔太多，但收益却有指数级增长的可能性。

在把类似这样的多个交易叠加起来之后，投资变得尤其令人兴奋。假如出于某种原因，其中一项交易真的失败了，我还有其他表现很棒、收益呈指数级增长的交易，这意味着我将有很大可能赚得盆满钵满。实际上，我喜欢构建这样的交易结构，即使 5 笔交易失败，只有 1 笔交易按计划进行，我也可以获利。

这笔交易只是一个例子，为了说明我如何构建交易结构以创造巨大的长期收益，同时在整个投资期都能获得可观的现金流。我的目标显然是让尽可能多的投资产生指数级增长的收益，同时有效控制每项投资的风险。在这个例子中，5 笔交易都失败的可能性极小，因为我针对所有交易都进行了谈判，争取到了高度的风险保护。

▶ **侧挂车协议**

接下来，我想向你介绍侧挂车协议，以及如何把它们作为收益放大器添加到你的工具箱中。**侧挂车协议**实际上是一份条款说明书，它提供了一系列**增强型**条款，这些条款比普通投资者通常能够获得或争取到的条款更有利。

我经常使用侧挂车协议以保证我在投资时能享受优惠待遇。如果和多位投资者一起投资，我就会确保他们也能得到和我一样的优惠条款。我是这样叠加侧挂车协议的：

- 我要做的第一件事是，洽谈当前投资的优惠条款。如果狮网的成员和我一起投资，我就会代表整个团队协商这些条款。这些优惠条款包括：管理费用或行政费用（或其他费用）折扣、**附带权益**折扣（这是作为投资经理报酬的利润份额）、提高优先收益或利息、提高利润分成，甚至降低最低投资额。有时这些优惠条款包括提高**最低预期收益率**，它指的是一项投资所要求的最低收益率。在这一阶段，我最关注的是协商能让我提高总体收益率，并允许我投入令我满意的金额的条款。

- 接下来，我将通过谈判争取在未来所有的投资中获得优惠条款和先发优势。我希望在保留这些优惠条款的同时，成为未来多笔交易的第一个投资人。我会通过谈判争取优先投资未来交易的权利，这样我就可以赶在所有人前面获得投资机会，而且能让我每一次的投资参与度都不受限制。

- 最后，在出现共同投资追加投资的机会时，我也经常洽谈优惠条款。例如，假设我在投资一只基金，而该基金有一些不符合相关标准或作为单笔投资金额太大的追加投资，那么我会洽谈一份附加协议，共同投资后续的交易。这些交易的条款通常会比第一份侧挂车协议列出的条款更优惠。这种共同投资的机会非常少，我们很难接触到。但如果得到这个机会，我就会洽谈更优惠的条款。

我将更详细地解释共同投资，但在我继续之前，我想确保你已经对洽谈优惠条款心中有数了。无论是什么交易，你都可以通过洽谈优惠条款来放大你的收益，你也可以通过利用侧挂车协议争取优惠条款，无论你是进行直接投资还是基金投资。

▶ **基金中的共同投资**

我已经深入阐述了直接投资，所以我现在将花时间谈一谈基金投资以及如何放大基金投资的收益。

就我个人而言，我喜欢投资基金。基金是同一投资类别的许多不同投资的集合。聪明的投资者喜欢基金的原因是，如果他们只持有一项投资，那么基金可以降低风险。在一只基金中，即使一项投资不成功也没关系，因为其他表现良好的投资项目通常足以弥补失败交易造成的损失,基金的整体收益仍然是可观的。在同一只基金中,盈利的和亏损的投资项目可以相互冲抵,所以我们不会像直接投资失败那样满盘皆输。

现在,我们来看一个例子。有时,你如果和对的人投资对的基金,就能谈下一份侧挂车协议。你可以在一个能够参与所有交易的基金中投入资金,但也许你真的喜欢其中的某一笔交易。也许你非常了解这个市场或这个基金经理,或者你有某种优势或洞察力,所以你知道这笔交易是一个很棒的机会。抑或你可能有机会获得某项特定投资的股权或认股权证。

> **如果能更聪明地奋斗并购置资产,我就能赚更多的钱。**

在这种情况下,你可以只针对特定的单笔交易协商优惠条款,这种形式通常被称为**共同投资**。和仅仅投资一只基金相比,共同投资会让你得到更高的整体收益。由于你投资了这只基金,所以你能参与这笔交易,但通常你想要的可能比基金给你的更高。如果是这样,假如你看到了一笔交易,知道这笔交易稳赚不赔,那么你可以针对这一单交易洽谈优惠条款,或者使用已谈妥优惠条款的侧挂车协议。通过这种方式,你可以像普通合伙人一样获得更高的投资收益,这可能包括股权、认股权证或总体更高的利息、费用更低的优先收益等。

▶ 用看不见的钱赚钱

在投资界，**虚幻收入**是指从根本不存在的资金中获得的收益。虚幻收入的一个例子是，出租资产在一年后或在更长一段时间内的增值。《富爸爸，穷爸爸》的作者罗伯特·清崎就曾谈到这样的虚幻收入：通过让租客代你还贷，并最终还清抵押贷款，你就获得了虚幻收入。这样做能减轻你的债务，增加你的资产价值。你的债务一旦被完全还清，偿债支出消失，你的现金流就会增加，而这又是另一种类型的虚幻收入了。此外，当折旧你的资产和这些资产的收入后，你就创造了虚幻收入，因为你的利润比你纳税的金额还要多。

虚幻收入的最大好处是，如果正确利用它，你就可以凭借根本不存在的资金获得持续的收益。创造虚幻收入的每一种方式都可能伴随着不同的优点和缺点，这取决于具体情况。我想在书中讨论的适合生活方式投资的虚幻收入，是凭借独特的策略，利用特定的**终身寿险**产品实现的。它能带来诸多益处，对投资者来说尤其有用。

你可以通过一种方法设计一份特别的终身寿险保单，让它以一种充满创意的方式在投资前期为你提供大量资金，发挥最大作用。这样的话，随着时间的推移，它就能在免税的助力下给你带来指数级增长的收益。你购买的大多数现成的人寿保险产品，都无法起到我将要描述的作用。许多人寿保险代理人甚至不知道如何设计我所使用的这种保单。我使用的保单是由擅长定制终身寿险保单的保险领域的专家设计的。基于这种结构的保单会带来令人惊喜的表现。人寿保险专家只有增加附加条款，才能使这些保单的表现远远胜过其他保单，并且对客户最有利——基于支付给代理人的较低佣金和现金价值的加速增长。现金价值指的是通过保险费的形式投入保险的投资资金。

举个例子，大多数人并不知道他们可以从终身寿险中获得收益，但事实上他们可以用保单作为抵押物进行借贷，并用贷款从事其他投资。换句话说，投入终身寿险的钱仍然能获得收益，而且不需要真的把这笔钱取出来，你只需要以保单为抵押物去贷款。投保人可以用贷款投资另一项交易，从而获得收益。换句话说，投保人可以用同一笔钱获得两种收益。大多数情况下，终身寿险的保单都会约定保底收益率，投保人可以从中获得利息收益，同时，投保人也可以用同一笔资金再投资另一笔能带来收益的交易，从而获得现金流和潜在的股权。

如果遵循我的第 4 条戒律"迅速收回本金"，你还可以保留第二笔投资的股权，用同一笔钱再次投资另一笔交易，用同一笔资金第三次获得收益，这样你就可以获得更多的收益。

部分准备金贷款也是虚幻收入的一个例子，银行就是这样做的。部分准备金贷款是指银行收下了你的存款，但只保留一小部分，然后把剩下的钱用于贷款，同一笔钱通常会贷出 10 次左右。这听起来似乎是不可能的，但银行正是这样做的。银行用你的大部分存款投资高风险**衍生品**，这导致了 2008 年的金融市场崩溃。在前面的例子中，我用同一笔投资资本获得了三笔收益,这就和银行的做法一样,但我的规模要小得多,所使用的投资工具也安全得多。

在前面的例子中,我利用了虚幻收入。因为我利用寿险保单收回了之前投入的成本,而且在第一次投资中获得了利润、股权和现金流,就像资金一直留在这笔交易中一样。本质上,我要按照自己的意愿,为我的投资组合,为我的利益,以一种非常安全的方式做银行所做的事。你也可以这样做。

在第13章,我将分享一个真实的例子:如何利用我的终身寿险保单,通过套利、股权和投资收入的组合,在两种交易中同时获得收益。**套利**指的是你可以利用不同的价格或收益率之间的差额,赚取无风险利润。

▶ 实例:Dressbarn

我在第9章中分析过 Dressbarn 交易,这里我想再披露一些这笔交易的细节,让你了解收益放大器策略是如何发挥作用的,以及如何利用人脉网进行超盈利的现金流投资。

心态

我和另一位投资者共同参加过一次会议,后来我们成了朋友,开始分享彼此的人脉网。他介绍我认识了一些知名投资者和企业家，我也为他引荐我的许多朋友。在对的时间认识对的人，对 Dressbarn 交易来说太重要了，因为只有少数人才有机会投资这笔交易。我如此喜欢这项投资的一个原因是，我可以很快收回投资本金。另一个原因是，这家公司在我投资的第一年倒闭的可能性非常小。即使公司第二年倒闭了，我也能从这笔交易中收回所有的本金。同时，我也相信，扩大线上销售规模、淘汰线下零售门店代表着这个行业的未来。

结构

以下是这笔交易的结构：

- 一年期票据。
- 20%的利率。
- 按月分配。
- 一年期满时"气球膨胀"式付款，全额收回投资本金。
- 可以将我的部分或全部票据延长两年，利率同样为20%，另外，在票据期满时支付15%的现金红利，外加10%的认证股权激励。
- 当时间允许我评估公司和投资的进展情况时，我可以将我的债券部分或全部转换为股权。
- 每100万美元投资给予3%的股权激励。
- 以知识产权作为抵押物，其价值应远远超过投资额。

过滤器

这是一个典型的低价出售资产的案例，且出售方拥有强大的品牌，其经营者都是知名人士，因交易失败而使自己的声誉受损是他们无法接受的。他们也有足够的财力来应对任何可能出现的问题。这项投资以 Dressbarn 的知识产权为抵押物，包括品牌名称和近 800 万客户的资料。

谈判

双方就若干事项进行了谈判，内容包括：如果效益不错，可以将贷款延长至一年以上，知识产权将继续作为这项投资的抵押物。此外，我拥有优先投资母公司未来可能持有的任何不良资产的权利，这样我就能投资每一笔这样的交易，使我的头寸多样化，建立一个通过网店而非线下零售商店扩张业务的品牌投资组合。

大多数投资都没有这样的福利。这笔交易最大的亮点是免费股权。一旦收回投资本金，投资者就很少能保留公司股权了。另外，作为投资激励的股权比重很高。通常情况下，就算给免费股权，也会很少。

交易回顾

我的狮网成员以极低的价格购买了一个品质极高，有近60年历史的品牌。基于我们谈妥的协议，还基于好几家集团对这一资产提出了报价，而其中至少有一家的报价远远高于我们的报价（比我们的报价高出数百万美元）这一事实，一旦遇到问题，我们就可以将它出售并立即获利。然而，母公司Ascena零售集团对我们的时间安排和团队最为满意。此外，该公司在第一年内、"气球膨胀"式付款的票据到期前倒闭的可能性几乎为零。我们收回了全部投资，保留了免费股权。在运营团队继续拓展线上业务的同时，我们可以从公司的成长收益中分得一杯羹。

· 第 13 章 ·

戒律 7：
为交易加码

不要给自己设限。
梦想越大，走得越远。

——

迈克尔·菲尔普斯

我以"等等，还有！"开始了上一章——每一个收益放大器都代表着额外的利润。现在，我将向你展示如何用便宜的安全的资金来投资交易获得收益。在市场营销领域，这种策略被称为"折价卖钱"。

上一章的重点是通过谈判将收益放大器纳入交易，这是增加投资收益的好方法。从技术层面看，你可以在没有任何收益放大器的情况下进行很棒的投资。但我的大多数投资至少有一个（而且经常是多个）收益放大器。

本章侧重另一种附加谈判，这种谈判可能会以额外的收益放大器、额外风险保护或两者兼有（经常如此）的形式出现。这种附加谈判可以出现在接近正式谈判开始的时候，或者签订最终投资合同前的几小时。

▶ 已成定局？这是误区

有一个误区是：一旦谈判结束了，情况就不可改变了。事实上，在双方签订合同之前，这笔交易并没有达成。签订合同才是最后期限。在此之前，你仍有改善整体投资条件的空间。我对交易的看法与别人不同。每当看到机会出现时，我都喜欢抓住它。如果发现一家公司能做出更多的让步，或者如果在第一轮谈判中我没有提出当时我还没有想到的要求，我就会毫不犹豫地提出来。反正对方可以拒绝。

有时，对方可能并不是真的迫切需要筹集资金，只是主动发起进攻，试图占得上风，所以他们不接受进一步的谈判。但通常情况下，在我的投资中，对方往往真的陷入了困境，或者事态紧急，对于筹集资金，他们有紧凑的时间计划，因此他们往往愿意做出一些让步。

我会不断谈判，直到对条款感到满意，并认为我的风险已经适当地降低或得到了彻底控制。

▶ 一笔买一送一的交易

我将向你展示一笔买一送一的交易，这笔交易附带的好处是没有风险。具体情况是这样的：我利用一种特别设计的终身寿险保单（和那些现成的保单很不一样）来为我的投资提供资金,像银行一样操作,但条款要好得多,正如我在前一章谈到的那样。我使用同样的银行替代策略,以我的终身寿险保单为抵押物进行贷款,用同一笔资金获得多次收益。

我用这个策略投资了 Dressbarn 以及我与狮网成员合作收购的其他几家零售品牌,包括 1 号码头、Linens & Things、富兰克林造币厂、Modell's、RadioShack、Stein Mart 等。截至目前,我在我所有的移动住宅园区交易、所有的运营公司投资(更多内容参见本章末尾和下一章)和许多其他的投资中都使用了这一策略。

注意:不是所有的保险代理人都是一样的,不是所有的寿险保单都是一样的,也不是所有的寿险公司都能提供我描述的服务。

你需要的人寿保险公司应该是一家使用**非直接识别**红利结构的公司。非直接识别的意思是:无论你是否通过抵押你的保单获得贷款,公司都会支付给你相同的红利。大多数保险公司使用**直接识别**结构,如果你通过抵押你的保单获得贷款,保险公司支付给你的红利就会少一些。如果你能获得足够多的收益来创造套利,那么这仍然是一件好事,但你的收益将与利用非直接识别结构的人寿保险公司进行套利的收益相去甚远。通常有了直接识别后,就会出现**负套利**,你会在那笔交易中亏损。所以,选择保险公司时要谨慎一些。

人们想到人寿保险时,一般只会想到死亡赔偿金。投保人在自己活着的时候付钱给保险公司,让他们的**受益人在自己死**

亡后获得一些赔偿金。然而，一份设计合理的终身人寿保单可以为你提供许多你活着时就能享受的福利，你可以将它们利用起来。事实上，人寿保险是现有的最大的资产保护体系。也许你认为信托才是，但如果看看那些判例法，你就会明显意识到，人寿保险是保护你的资产免受债权人影响的唯一最佳方法。

此外，人寿保险是一种可以让你的资金在退休后通过免税增值、免税分配而增加的工具（更不用说你的继承人还能获得免税的死亡赔偿金）。你可以向一家表现不错的寿险公司购买一份保单，每年的红利通常约为 6.5%，最低保底收益率通常为 4%。顶级保险公司目前支付的红利为 5%~7%，减去与人寿保险相关的成本后，总的内部收益率通常为 4%~6%。

人寿保险的收益率是实际收益率，而不是误区 1 提到的平均收益率，它和其他投资承诺中 10% 的平均收益率（比如一个兜售股市投资的理财顾问描述的那样）不同，它是一个真实的数字，没有被人为操纵。人寿保险会让你获得年复一年的稳定收益。

我们再回到这笔买一送一的交易。如果你找到了一个很棒的投资机会，就像我在书中描述的那样，你不妨以你的保单为抵押物进行借贷，并配合灵活的支付条款，利率在 5% 左右。你如果遇到了困难时期，就可以选择先不偿还贷款，保险的收益仍然会表现良好，只是整体收益不如你偿还贷款后表现得那么好。无论你何时过世，保险公司都会从死亡赔偿金中扣除贷款金额，这样它就不会成为受益人的负担。

▶ 利用套利

让我给你讲一个真实的例子，看看我是如何使用套利策略给交易加码的。我在购买第一个移动住宅园区时，使用了我的终身人寿保险。我将原本会投资移动住宅园区的资金先投资我的终身寿险，然后以保单为抵押物，借贷了一笔钱来投资移动住宅园区。结果如何？我通过同一笔资金获得了两笔收益。为什么我不赚两笔，特别是其中一笔的收益还是有保障的？

终身寿险的绝大多数保单都有**最低保证收益**，但不少寿险通过红利支付了更高的收益。保险公司每年都会评估其投资表现，并根据最低保证收益或红利两者中较高的一项进行支付。然而，这种红利的独特之处在于，它实际上被认为是一种资本收益，而不是通常会被征税的收入。因此，你不需要为它纳税。

我在第一次投资移动住宅园区时，第一年就获得了36%的现金收益率，我用同一笔资金获得了6.5%的保险红利，而这笔钱还在我的终身寿险的保单中，因为我购买移动住宅园区所交的首付，是抵押保单获得的贷款。正如我之前提到的，购买人寿保险是有一定成本的，所以让我们将获得6.5%的红利所需的成本纳入考虑，计算6%的内部收益率。总的来说，我的投入获得了42%（36% + 6%）的收益率，我用这笔钱偿还了用终身寿险抵押的贷款，然后在下一次移动住宅园区投资中我重复了这个过程。第二笔交易实现了54%的现金收益率，所以，算上终身寿险6%的内部收益率，我的总收益率是60%。

试着寻找可以免税增值的投资项目。这是现存最好的增值方式。和其他投资工具相比，这些投资工具能让你的资金更快地增长。没有什么能干扰这一增值过程，所以这些收益的获得速度是最快的。上述两个例子的收益增值都是免税的。由于我可以将移动住宅园区作为一种资产进行折旧，因此利润也是免税增值的。

注意：这些免税增值工具并不多，而对大多数现有的工具来说，政府强制的限制措施都比较少，比如罗斯个人退休金账户和罗斯401（k）计划。

这笔贷款有一笔小成本，接下来我将做出解释，并附上我的理由。

首先，我要说，一些贷款机构专门以比人寿保险公司低得多的利率发放贷款，它们会把你的保单作为贷款抵押物，就像人寿保险公司一样。如果你把保单作为抵押物去贷款，这些贷款机构就可以给你多省几个百分点的利率。因此，你不必通过保险公司贷款，而是可以通过那些专门把终身寿险保单作为抵押物来放贷的贷款机构贷款。你可以选择固定利率或可变利率。

回到我刚才详述的那笔交易，当时的固定利率是4%，而可变利率只有3%，所以我选择了可变利率贷款。这几乎是我当时能找到的最便宜的资金了，而且在很长一段时间里，利率都没有上升（万一利率上升了，我可以改成固定利率）。所以我不用支付给保险公司5%的贷款利息，我只需要支付给这个专门的贷款机构3%的利息，我节省了2%的利息。另外，我可以灵活地支付只含利息的小额款项，这为我创造了一个产生

第13章 戒律7：为交易加码

大量现金流的大好机会。

让我来说明一下这个交易是如何运作的，这样你就能明白，这种套利交易对你来说是什么样的。我们不妨假设，你投资了一笔交易，对方会支付 20% 的利息，就像我在书中提到的投资那样，它是通过运用我和你分享的那些戒律、收益放大器和酬金取得的成果。你以寿险保单为抵押物进行投资，目前的内部收益率为 6%，而你支付的贷款利息只有 3%，这给你带来了 23% 的总收益率（20%+6%-3%=23%）。

让我们回到第一个例子，即关于我投资的第一个移动住宅园区的例子。这笔交易产生了 36% 的现金收益，加上 6% 的来自终身保单的内部收益率，再减去 3% 的利息，你就得到了 39% 的总收益率。这是没有风险的免费资金，哪怕在最坏的情况下风险也极小。

如果我购买了一份终身寿险保单，利用保单进行贷款，并用贷款资金投资移动住宅园区，那么真实的数据如文字框所示。这笔交易既是运用套利的范例，又是运用杠杆的范例——让我的钱在两个地方为我打工，赚取双份利润。

如果你不具备投保资格、健康状况不佳，或者存在其他可以使你的人寿保险保费更高昂的因素，那么你该怎么办？你可以为任何与你有保险利益关系的人购买人寿保险，比如你的家庭成员、雇员，或者任何与你有工作合作关系的人——如果他们出了什么事，你的公司会受到影响。

下面的例子展示了几种给交易加码的方法，我在这笔投资中添加了额外的收益放大器，并降低了一些风险。

> **交易概况**
>
> 65 000美元终身寿险保单×6%内部收益率＝3 900美元
>
> 65 000美元贷款×36%现金收益率＝23 400美元
>
> 65 000美元3%的贷款利率＝1 950美元
>
> 3 900美元+23 400美元−1 950美元＝25 350美元净利润
>
> （总收益率为6%+36%-3%=39%）

▶ 实例：驱动橙式健身特许经营公司

驱动橙式健身（Orangetheory Fitness）是一家非常受欢迎、非常成功的特许经营公司。仅在美国就有超过1 300家门店，这些门店常常在开门营业前就被预订满了。驱动橙式健身是所有同类公司中利润率最高的公司之一，但现在几乎无法加盟了，因为人们对它的门店需求太高了。现有的业主和区域代表拥有拒绝开设新健身房的优先权。

在任何时候，其他连锁公司都可能面临这样的机会——高需求、成功纪录、低风险和高利润，有的经营者可能已经用完了信贷额度，但可以获得一般公众无法获得的交易。对任何能够获得贷款或现金的投资者来说，这都是一个绝佳的机会！

就我而言，一个绝佳的机会向我敞开了大门，我可以作为一名投资者参与其中，此外还有两名经营者与我一同参与。他们无法获得足够的贷款，但愿意投入**人力资产**。这个投资机会包括认识对的人、体验拥有强大人脉的副产品，这些人脉是我多年来定期维护并一直保持的。

我选择与一对儿夫妇一起达成这个特殊的交易，我过去曾与他们合作，我们的关系很不错。他们通过自己的人脉找到了投资这家公司的机会，但是他们没有足够的资金。在这两位聪慧的商务人士第一次创业时，我曾有幸为他们提供咨询，当时我们合作得非常愉快。他们知道我会是一个不错的资本合伙人，因为我不仅拥有他们需要的投资资本，还可以运用多年来直接投资其他运营公司的经验，为他们提供咨询。

我们为合作双方创造了一个极佳的双赢局面，并通过当地银行获得了美国小企业管理局（SBA）的贷款，首付为16%。

谈判能让每个人都得到自己想要的东西，所以人人都是赢家。这是合作，不是竞争。

心态

我产生以强大的品牌进军特许经营领域的想法已经有一段时间了，我关注驱动橙式健身也已经很长时间了。但由于市场需求太高，从公司获得许可证几乎是不可能的。获得许可证的唯一方法，是从想要出售的间接所有者那里获得。我有几个朋友都是这家特许经营公司的所有者，他们都很成功。我的人脉可以帮助我获得许可证，还有能干的经营者帮我运营公司，发展业务。此外，私募股权公司会以极具吸引力的价格大量收购驱动橙式健身的特许经营门店，而我喜欢那些已经具有诱人退出策略的投资项目。

结构

我是这样构建这笔交易的：

- 股权投资12万美元，作为首付。
- 33%的股权。
- 67%的加速分配计划，直到贷款还清。
- 此后，分配33%的利润，并一直延续下去。
- 初始股权投资12万美元，一年内收回。
- 额外现金红利3.5万美元，作为美国小企业管理局贷款的20%的个人担保。

过滤器

这个品牌的历史记录是无可挑剔的，当时还没有一家门店倒闭过，它是美国乃至全球增长最快的品牌之一。此外，我可以为这家特许经营公司构建一个体系（该体系现已就绪），一个能被所有者自动操控并重复使用的体系，从而高水平地发展业务。我从合伙人那里得到的条款对我很有利，包括低风险、高收益、每月支付现金流、加速分配计划，这让我得以快速收回资金，进行更多的投资。

谈判

通过谈判，我的身份从少数股东晋升为平等合伙人，我要做的是投入更多资金而不是承担更多工作。我谈下了一个加速分配计划，以便更快地获得投资收益、即每月分配给我 2/3 的利润，直到我的资金全部收回。通过将添加到加速分配计划中的额外现金红利作为补偿，我设法将我和银行约定的少数个人担保成功套现。最终，我只需要支付 20% 的个人担保费用来支持这笔贷款，因为我与银行协商降低了总额，尽管在这笔交易中我的身份是平等合伙人，而且我的净资产比我的两位合伙人要高得多。

交易回顾

这项交易是生活方式投资的一个完美例子：你的钱为你打工，你不需要耗费精力和时间打理（所以你最有价值的资源、时间被节省下来了），你拥有每月现金分配、长期股权（有极好的机会在将来华丽退出）和额外的特许经营权。这种投资的唯一风险是，特许经营公司自身出现了一些会摧毁品牌的重磅负面新闻，或者在经济环境的转变中遭受重创。（当我写这本书的时候，我们正处于2020年居家办公期间，感谢其强大的经营模式和品牌效应，我们仍然在盈利。）

另外，我最近和这两位商业伙伴一起投资收购了另一家运营公司，地点离我们的驱动橙式健身门店很近。我们在一起工作得非常愉快，想一起扩大我们的投资组合。我再次成了资本合伙人，而我的健身门店的两个合伙人中，一个已经开始打理新公司，另一个则继续运营驱动橙式健身门店。

得益于强大的财务实力、品牌实力、优越的地理位置和优秀的经营者，这笔交易成为一次很棒的投资。在这笔交易中，我也找到了好几种给交易加码的方法。我使用了一个加速分配计划，使我的总收益率翻了一番，所以我在拥有特许经营门店的第一年就快速收回了本金。我和我的合作伙伴用从特许经营门店中获得的利润收购了另一家公司，其现金流甚至比驱动橙式健身门店还要可观。此外，我还让银行将个人担保从100%降低到20%，从而消除了这项投资的大部分风险。最后，这笔投资款来自我用终身寿险保单作为抵押物借到的贷款，这使我得以用同一笔钱获得了两笔收益。

· 第 14 章 ·

戒律 8：
减少"脂肪"

要留意细小的开支。
须知千里之堤，溃于蚁穴。

——

本杰明·富兰克林

当你发现你买贵了东西的时候,你感觉如何?比如,你去一家高档珠宝店花 7 000 美元买了一枚戒指,然后你在开市客看到,同样的戒指只要 3 200 美元,而且质量更好。

你如果是一位收藏家,就会明白拥有一个人脉广的朋友多么有价值。他会到处搜集信息,拨打电话,为你找到你想要的稀有或珍贵的物品,并为你节省 40% 的钱。基于这项服务的价值,你很乐意付给对方一笔可观的佣金,可能还会预付一笔费用。而且你会一次又一次请这个人帮忙。从很多层面来说,你都会很重视你们的关系。

让我把这个故事扩展到投资领域。我们先回顾一下前面提到的我的投资经历,然后正式进入本章的内容。

如果你已经阅读了前面的章节,你应该对我的很多投资项目有所了解。在我的前三个移动住宅园区交易中，我没有找经纪人，我的部分或全部购房资金是通过卖方融资解决的。那个时候，我的时间比我的钱充裕。我发现了这笔交易，花时间与对方洽谈条款，不请经纪人，这让我省下了一大笔佣金，使我的口袋中多出了10万美元。通过卖方融资，我谈下了15%的小额首付款，利率为5%，贷款期限为10年，这使我在修缮园区、提高租金之前就获得了即时现金流和净利润。

后来，当我的钱比时间充裕的时候，我学会了利用中间人和经纪人办事。我很乐意付给他们一些费用，以节省我的时间，使我不必再花时间去做那些我在职业生涯初期所做的事。

▶ 人脉资源

当你手头宽裕而且想节省时间的时候，你可以使用下面这些寻找资源的小诀窍，来获得一些不错的交易。

- 优秀的**经纪人**会给你介绍你不知道的交易，并介绍你进入你无法进入的人脉网，这将有可能为你节省数十年的时间。
- 优秀的**理财顾问和保险专家**会向你介绍你从未想过或听说过的金融产品，这些产品通常很少有人知道。
- 优秀的**银行家和金融从业者**会向你介绍一些金融工具，如果没有他们的解释，这些工具对你来说也许十分晦涩难懂，难以接近。

拥有这些资源对你来说，就相当于将质量最高、最精确的工具——人脉添加到你的投资工具箱中了。将人脉与你的其他工具相结合，你能获得更大的交易、更多的杠杆、更好的条款，以及你在其他地方也许永远接触不到的想法和理念。

本书的所有工具是我十多年的积累。我投资了近100万美元用于个人成长，支付了数十万美元的法律和专业服务费、教育、培训和辅导费用。这些投资帮助我创建了一个数千万美元的投资组合。然而，如果没有打造狮网这个几乎可以抓住任何机会或处理任何交易的超级团队，我就无法获得这样的成果。

投资、财富增长和净资产成了一个游戏。

▶ 投资好的顾问

在你所有的人际关系中，有的对你有益，有的则不然。投资人脉和中间人也是如此，所以你要谨慎。你要多和那些能成为"收益放大器"或合作伙伴的人结交，少去搭建那些成本大于价值的人脉。赚钱最快的方法就是，永远不要把钱花在不必要的地方。

开市客、沃尔玛和山姆会员店都想出了减少中间商、保持更多利润、增加销量、以更低成本为顾客提供更多产品的妙招。亚马逊找到了去除中间商，并在一天内把产品送到顾客手中的好办法。

一个价值大于成本的中间商和一个成本大于价值的中间商之间的区别，是你需要了解的。当你能够识别并去除不必要的成本时，你就更强大了。

下面列出了几种中间商，你可以分析一下他们的价值和成本。有些可能会增加"脂肪"，引发不满。他们不会成为你的资源，反而会消耗你的资金，并且会因各种费用和佣金而让交易变得无利可图。

- 理财顾问
- 经纪人
- 贷款人
- 保险销售人员
- 基金经理
- 普通合伙人
- 资金筹集人
- 银行和金融机构
- 所有中间人

免责声明：如果能安排好交易协议和条款的结构，那么在上面列出的职业中，有不少都是我喜欢的。我有很多朋友是理财顾问、经纪人、贷款人和保险销售人员，他们会为客户着想，表现极佳。但并不是所有的理财顾问、经纪人、贷款人和保险销售人员都是一样的。

怎样才能辨别"脂肪"和"肌肉"？下面是我的"减脂"工具箱和测评系统，经检验，它们能在几乎所有情况下帮你增加股息和收入。你可以使用这些工具来解锁最佳交易，避开"脂肪"。

找到"脂肪"

1. 你在亏损而他们在赚钱吗？雇用经纪人进行金融投资存在隐性费用，许多共同基金、401（k）计划和保单充斥着过多的费用、难懂的术语和会让你承担额外责任的免责条款。你必须了解这些专业人士是如何获得报酬的。不透明的交易永远不会对你有利。

2. 牵涉他们的自身利益吗？寻找那些愿意按照绩效收取佣金而不是收取固定提成的合作伙伴。有一个例外是，当你与受托人（拥有数十年经验的专业人士）合作时，他们只收取服务费用，并且把他们收到的任何佣金或额外费用完全透明化。

在金融服务业中，绝大多数的金融服务代表、代理人和经纪人都不是受托人。他们不需要做出最有利于客户的决定，甚至通常会做出对他们自己最有利的决定。在法律层面上，他们要做的就是为你提供适当的产品。这种极低的标准不是你托付财务前景的标准。只有一小部分服务提供者是真正的受托人，这种情况令人失望。

3.他们是否言行一致？你会信任超重的营养师或私人教练吗？同样的道理也适用于选择理财顾问。他们向你销售的是他们自己也在投资的产品吗？是不是因为这个产品有额外的佣金，所以他们才会推荐给你？他们自己做投资吗？他们有什么经历？他们的净资产有多少？寻找前后一致、品格优秀的人，只有这样，你才可以放心地把钱交给他。

4.你可以在哪些地方节省时间和金钱？现在，对你来说，哪一点更重要，更有价值？是你的钱还是你的时间？你的答案也许会变，这取决于你处于人生的哪个阶段，并且这将决定你如何"减脂"，以及可以在什么地方"减脂"。

我来和你们分享一个投资噩梦。在华尔街，经纪人和理财顾问学会了使用平均收益率这个术语。想象一下，如果有人告诉你下面这些信息：

- 第一年，你将亏损50%。
- 第二年，你将盈利50%。
- 第三年，你将亏损50%。
- 第四年，你将盈利50%。

你认为平均收益率是多少？大多数人看一眼就会说，你的平均收益率是0%。

让我们代入一些真实的数字。我们不妨称它们为"华尔街数字"。假设你投资了10万美元：

- 第一年，你亏损50%，也就是说你的账户还有5万美元。
- 第二年，你盈利50%，你有7.5万美元，因为你只赚到35万美元的一半。
- 第三年，你亏损50%，你的账户余额为3.75万美元。
- 第四年，你盈利50%，你的账户余额为56 250美元。

收益率为-43.75%！而这个数字还没算上各类费用和佣金。

现实是，你的账户余额会比56 250美元更少，因为你还要支付经纪费用、隐性费用，而且在这个过程中，你还可能遇上其他猫腻。

对你来说，这是一笔糟糕的交易，而你的理财顾问却无论如何都会从中得到报酬。

有时，经纪人能为我节省时间、金钱和精力。在这种情况下，我很乐意付给他们费用或佣金。但是，如果没有达到这样的效果，他们就没有资格得到这笔钱。如果他们为我创造了价值，我会很乐意奖励他们。然而，如果他们为我做的事，我自己也能做好，我为什么还要付出额外的费用？对我来说，雇用别人做我自己可以做得更好或更快的事情是没有意义的。相反，如果他们比我更专业，或者雇用他们能让我做自己擅长且更重要的事，那么我乐意为他们的服务付费。

还记得我是怎么评价受托人的吗？这就是你想要寻求的关系。与拥有一定经验、懂得如何提问的人合作，你将获得或省下一笔财富。

▶ 风险共担

这里有一个风险共担的例子。关于这个例子，我在上一章介绍了很多细节。正如我之前提到的，我之所以投资驱动橙式健身，是因为我培训过的两位客户为我带来了这笔交易。他们没有足够的资金（我有），而我没有运营门店的时间（他们有）。他们乐意为这项合作提供人力资产。为了做到风险共担，他们把当时所有的积蓄（1.5 万美元）投了进去。和我投入的 12 万美元相比,这只是一个很小的数目,但这笔钱代表了他们的全部财富,这是他们摆脱激烈竞争、成为企业家的唯一机会。

在这种情况下,我拥有长期股权,而如果公司成功,我的合伙人就能享受既得利益。在我看来,他们投入了自己的时间和资源,因此,他们在运营过程中遵守的职业道德为成功提供了保障。此外,我还会利用我那由顾问和专业人士组成的人脉网,从中吸取经验用于公司运营,而我的合伙人没有资金、时间或专业背景来建立这些关系。这是一种共赢。

▶ 多余的"脂肪"

这里有一个关于"减脂"的例子。在第 11 章"戒律 5:立即创造现金流"中,我分享过自己投资前三个移动住宅园区的故事。我的前两个园区获得了巨大的成功,而第三个园区更是使我的被动收入超过了我的劳动收入。前两个园区是通过卖方融资购买的,但第三个园区的情况很特殊。那是一笔隐性交易,因为那是一笔场外交易(买家主动打电话联系房产所有者,询问他是否愿意出售这个园区)。双方签订了合约,避免了不必要的"脂肪"——付给房地产经纪人或其他中间人的钱。

我有一个由商界人士、专家和各行各业的朋友组成的强大的人脉网。在这笔交易中,买入园区的人是我的一个好朋友。后来,他不想购买这个园区了,所以问我是否想要。我喜欢那处房产，决定从他那里买下这份转让合同，因此我不需要付钱给其他人，就拿到了合同。

"**转让**"是指一方订立了购买一项财产或资产的合同（例如一份**购销协议**），却没有完成交易，而是决定将合同的权利转让给第三方。简单地说，买方有权履行合同、完成交易，也有权将合同转让给他人。合同一旦被转让，受让人就要履行所有合同条款。

在这种情况下，卖方对房产最终由谁购买没有发言权，因为卖方受原始合同的约束，合同上有允许转让的条款。我签订的所有合同都是允许转让的。

我请几位专业人士评估了这笔交易，结果他们都觉得很不错。而且，我的朋友已经对这笔交易做过大量的尽职调查，所以留给我的工作并不多。于是，我继续向前推进，花了2万美元从我朋友那里买下了转让协议。我很乐意付一笔**中间人酬谢**给这位朋友，以答谢他为寻找和评估这个园区所做的工作，以及他为这笔交易增加的人力价值。我很乐意以这种方式激励让我不必事事亲力亲为就可以达成优质交易的人，事实上，他们为我赢得了时间。此外，如果我聘请的是其他经纪人，那么我付给对方的佣金至少是付给这位朋友的两倍。对我和我的朋友来说，这笔交易是一种共赢。

关于这笔交易，我还有几点想说明。我的朋友在购入这个园区时，谈的条件也很不错，但正如你从前面的章节中了解的，我有很多策略，使用这些策略能让我获得比大多数情况下

第14章 戒律8：减少"脂肪"

更划算的交易。因此,我与园区所有者重新谈判了附加条款,把价格降低了 10 万多美元。我还让对方同意出售与园区相关的所有个人物品,包括活动房屋、牵引车和放满工具的大工棚,再加上 5 万美元的优惠。所以,总而言之,我把总售价降低了 15 万多美元,而这笔交易原本就已经很划算了。

有一个很大的误区:投资的方式只有一种,即你需要找一个基金经理,进军股票市场。我不是说这样做很糟糕,但这不是你唯一能做的事情。持有一些股票也许是好事,但是我不会把所有鸡蛋都放在同一个篮子里。我喜欢分散投资,我也喜欢对我的大部分投资有更多控制力和影响力。

我想尽我所能避免雇用中间人,这样我和我的家人就能获得利润,或者和我的合伙人分享利润。还有一种情况是,中间人的表现不错,那么我会让他们获得一些他们通常赚不到的利润。如果有人通过直接为交易增加价值来赚钱,那么我很乐意为此付费。我与许多优秀的经纪人合作过,我很乐意支付他们这些费用。但是在能避开金融机构而选择卖方融资时,我每次都会这样选择。如果能以一种无须付给基金经理佣金(不管我是否赚钱,他们都在赚钱)的方式投资,我也一定会这样选择。

▶ 从知识中获利

"减脂"的秘诀是知道该问什么问题、什么时候提问。你可以通过几十年积累的犯错经验学到这些，也可以通过投资一位商业教练来学到这些，他可以为你节省宝贵的时间和数十万甚至数百万美元。师徒制是完美的捷径。

一般来说，如果了解从请专业人士管理资金到支付管理费用的全过程，你一定会对这些专业人士收取的费用感到惊讶。我还记得，当我把大量投资集中于股市，并让别人管理我的投资的时候，看

你会在某个时候犯错、亏损。请积累经验，并吸取教训。

着我的报表，我感觉像是被人狠狠打了一拳。报表显示，我的平均收益率是7%。我想，太酷了。基于如此高的平均收益率，我应该赚到了不少钱。但当我深入研究一番后，我发现我实际上是亏损的。我的实际收益率和平均收益率不一样。事实上，我是在平均收益率为正的情况下亏损的。

尽管之前5~10年的平均收益率为正，但那段时期某个亏损的年度导致了我的亏损。其他年份的收益率很高，拉高了平均收益率，让我的总体平均收益率看起来不错，但这并不意味着我真的在赚钱。我当时简直大开眼界，觉得自己受骗了。我觉得我被误导了。从他们与我分享的信息来看，我仿佛真的在赚钱。我觉得自己上了大当。那是我第一次了解到，在金融服务业和传统投资领域，大量的错误信息和操纵行为其实是一种常态。

在那一刻，我意识到，那个世界里的人其实更关心他们自己，而不是我。更糟糕的是，我发现我的理财师在我亏损的时

第14章 戒律8：减少"脂肪"

候还在赚钱。这些信息让我难以接受。那一刻是我投资生涯的转折点，我决定把一切掌控在自己手里，认真学习金融知识，我开始投资自己。

▶ 从人脉中获利

除了学习如何"减脂"，选择和谁共度时光（专注于与你最欣赏、最想共度一生的人共度高质量时光）也很重要。你会在不知不觉中与周围的人越来越相似，所以明智地选择人际关系是很重要的。我喜欢与人接触。我花大量时间与其他投资者、企业家会面。在与这些投资者、企业家交谈的过程中，我学到了不少能够付诸实践的新策略。

除了结识新朋友，我还参加了好几个投资小组。我想认识志趣相投的人，但我也想认识与我想法不同的人，即在人生游戏中比我段位更高的人。我不断挑战自己，超越现状，提高对自己的要求，继续成长——无论在个人生活方面还是在职业生涯方面，并经常性地、持续不断地"升级"我的游戏角色。最后那句话的意思是：通过导师、同伴、书籍和播客，让自己精益求精，做得更好。

当我为创业者提供咨询、培训或指导企业主、企业家时，用心经营这些人际关系对我来说也很有帮助。长期以来经营的关系，能让我带着积累多年的投资经验出现在众人面前。我将这些专业知识与在阅读、学习和独立实践中获得的经验结合起来，并与别人分享。换句话说，我把我对学习和成长永不满足的渴望和我与他人分享知识的热情结合起来，使每个人都能从中受益。

接下来我将介绍几笔交易，它们完美地诠释了我的投资方法。第一笔交易是投资运营公司。第二笔交易是对一个软件公司投资组合进行的一次特别的投资，这些公司已经吸引了一些战略性买家。

▶ 投资运营公司

下面这个例子说的是一项大多数人从未考虑过的投资。而且，即使有人考虑过，他们也很可能不知道如何安排这样的投资。众目睽睽之下隐藏着众多的收益放大器。这究竟是什么投资呢？

通过增加企业的价值并获得报酬，你可以在资本很少或没有资本的情况下进行投资并大赚一笔。当企业被出售时，你可以获得一大笔收益，让你的收入大幅增加。你一旦开始投资并了解交易模式，综合利用你的经验和人际网络去解决问题、找到收益放大器会变得越来越容易。你可以凭借一定的现金或资本、一个优秀的团队、了不起的人际网络和丰富的经验来达成一笔交易。有了你和你的专业知识，企业可以增加收入、利润，并且让买家更愿意购买它。这是多方共赢的好事。这样，你只需要付出一点点努力，就可以一次又一次地赚钱。

此外，你可以在没有经纪人、基金经理、普通合伙人、投资顾问或金融机构介入的情况下进行谈判，构建交易结构。当有必要时，你也可以寻求专业人士的帮助。不过，跳过这些专业人士，直接投资一家公司可以为你减少开支。

▶ 实例：投资运营公司

在过去10年里，我曾多次投资运营公司，你可以把这些例子作为自己交易的模板。这些运营公司有的是我朋友开的，有的是我从未谋面的陌生人开的，它们的所有者是通过别人的介绍知道我的。**运营公司**是指生产商品或提供服务，有固定的运营体系、收入、费用和团队的企业，包括在创业初期整个团队只有一个人的企业。运营公司和控股公司不同，控股公司只是拥有运营公司的资产。

从规模上讲，我所投资的运营公司，一般是销售总额为50万~3 000万美元的中小型企业，尽管我也投资过一些更大的企业。每项投资都是独一无二的，而且每家公司都有不同的需求，所以不存在完全相同的投资金额或交易结构。有时，企业的所有者只是需要用某种贷款来扩大公司规模，雇用更多员工。有时，他们想要获得一些建议：如何扩大规模、管理不断壮大的团队、招聘高层管理人员经营公司、建立招聘和培训流程、构建可实施的运营体系、创新广告和营销手法，以及应对其他挑战。虽然没有一笔交易是相同的，但对每项投资我都有一个可用的标准框架。

心态

多年来，我一直在投资运营公司，也曾就如何扩大规模向其中一些公司提供咨询和建议。我经常阅读商业书籍，也经常与其他成功的企业家讨论如何创建**标准作业程序**（SOP）、扩大企业规模，以及利用独特的结构投资促进企业成长。我总是不断磨砺我的斧头，重塑自我，为与我合作的人提供最大的价值。有时，人们和我一起工作，只是为了进入我的人脉网，而我也很乐意与他们分享。我认为对大多数企业所有者来说，这都是一件好事。

在职业生涯的这个阶段，我最喜欢的交易模式是：提供一笔附带额外激励的贷款，并且帮助这些企业所有者与我的专家团队建立联系，这样他们就可以在不需要我付出时间的情况下扩大公司规模。这样，我的资金就可以为我打工，我可以在享受我努力创造的生活方式的同时，获得巨大的收益。我喜欢获得巨大的收益，特别是在它不占用我任何时间的时候！一旦起步，你的人脉和价值就会以指数级增长。

结构

这是一个运营公司交易的典型结构，但具体条款因投资项目而异，并不是所有条款都适用于每项投资。

- 2~3年的贷款，利率为8%~15%（我总会让我的朋友做成好买卖，这就是我的利率起点较低，但利率范围很宽的原因）。
- 一年内只付利息（在这方面我可以灵活一点儿，但我想为我投资的企业创造一个舒适的贷款偿还方案，并降低风险）。
- 在剩下的贷款期限内支付本息。
- 在贷款期限内按月付款。
- 以应收账款、房地产、存货、设备、知识产权、股票和其他资产做抵押的贷款，这些抵押物的价值需远远超过我的投资额（即使企业清算，我也能收回投资）。
- 我也经常请企业所有者签署个人担保函，为贷款提供双重保障。
- 在某些情况下，我会洽谈股权投资，并附上加速分配计划，以便在更短的时间内收回本金，并享有月度分配。
- 0.5%~10%的营收分成（取决于对方希望我参与的程度）。
- 0.5%~10%的股权（取决于对方要求的工作范围和职责）。

过滤器

其中一些公司在我投资的时候已经经营了 20 多年,并且获得了稳定的收入和利润。在我投资这些公司时,许多公司都有稳定的表现,下行风险很低。它们最多只是没有实现增长或没有以企业所有者希望的速度增长,它们维持现有产量或增加产量的可能性非常高。我喜欢能控制下行风险,同时也有机会获得上行收益的投资。

谈判

这样的交易大多数不需要进行太多的谈判,因为这些企业所有者是别人推荐来的,并且他们已经知道我与其他企业会签订什么样的条款。然而,还有一些要点需要先说清楚,尤其是当他们想要的不仅仅是贷款的时候。有时我会根据总收入来确定交易结构,因为我更满意在整个运营期内都能提供月度现金流的条款。其他时候,我会争取获得该公司的股权,特别是在有大量的分配机会或者公司有快速增长潜力、未来估值可能极高的情况下。有时我们会约定分成和股权。

我还知道,我可以对该资产拥有优先留置权,以减轻下行风险。再说一次,在投资中我处于最安全的位置,我将是第一个得到收益的人,这是投资时最重要的考虑因素。在第 7 章我谈到了硬钱贷款,这是优先留置权的另一个例子。我的目标始终是创造一个企业所有者和我共赢的局面。

交易回顾

　　山中无老虎，猴子称大王。这句谚语的意思是，如果你对这些交易很有经验，消息一传开，很快你就会收到其他企业所有者的合作邀请。你做的交易越多，你的价值增长得越快，获得的经验也就越多，这让你拥有了更多的影响力。每位企业所有者都会成为你的良师益友。

　　我经常从企业所有者、商业伙伴和其他企业家那里得到这样的反馈：我提供给他们的贷款或投资，的确可以帮助他们的公司发展壮大；但事实证明，我的咨询能力和我的人脉网比我提供的贷款或投资的价值要高得多。换句话说，比起贷款或投资，我建立的人际关系和我分享的关于如何实现公司发展的创意对他们来说价值更高。我提供的建议和我分享的想法都是独一无二的，我所带来的朋友、熟人，最后成了跨多个品牌和行业的宝贵战略合作伙伴。这种能力也会慢慢地、自然而然地出现在你的身上。

　　记住，当你刚开始做投资的时候，你的时间可能比你的钱充裕，所以"减脂"最快的方法就是自己多做一些事情。我在刚开始的时候

> 从每一项投资中学习提升。问问对方："告诉我，你为什么会做出这个投资决定？"

就是这么做的，因为那时我的时间比金钱更多也更廉价。此外，在任何情况下，你都应该了解别人是如何赚钱的，这样你就可以在谈判时要求对方共担风险并提供尽可能多的价值。

最后，请记住，新手投资者可能犯的最大的错误是：没有提出足够多的问题，从而弄清真正的"脂肪"在哪里，以及各方是如何赚钱的。根据我的经验，最好的办法就是多问一些问题，找出"脂肪"所在，然后洽谈条件，让卖方、经纪人和银行从业人员只有在你赚钱的时候才能赚钱，并且他们只有在履行了自己的承诺后才能得到报酬。一旦开始赚更多的钱，拥有更多的资产，你就会发现，在做某些交易时，你愿意多付一些钱与这些专家合作，因为这样你可以做更多的交易，你获得的收益足以弥补额外的开支，而且还有盈余。此外，你未来交易的规模将越来越大，你将拥有合伙人和给你带来影响的雇员，因此你能在保护自己时间的同时继续盈利。

▶ 实例：软件公司投资组合

在上一个实例中，我分享得更多的是我投资运营公司的方式，而不是具体的案例，因为每一项投资的情况都不一样，条款也各不相同。现在我想向你介绍我投资一家具体公司的例子，以及我洽谈的一些独特条款。这家公司的结构与上一个例子不同，但该交易仍然体现了书中提到的大多数戒律。如果你有机会投资一家这样的运营公司,那么对该寻求什么、如何安排投资结构,你将有更多的选择。

心态

我投资了一家软件公司的孵化器公司,并战略性地投资了这些软件公司的股权头寸。**孵化器公司**是一种旨在以低于市场价格提供一系列商业支持资源和服务来加速创业公司成长和成功的组织。该公司的利基市场是软件即服务(SaaS)公司,即软件授权公司。我喜欢软件即服务行业,因为在各类企业中,它退出时的企业价值倍数是最高的。**企业价值倍数**是指通过简单计算将财务报表上的某一特定项目乘以另一数字来确定资产总价值的绩效衡量方法。

通常,企业价值倍数是根据息税折旧摊销前利润(EBITDA,即未计利息、税项、折旧及摊销前的利润)计算的,息税折旧摊销前利润是衡量公司利润的一种方法。然而,软件即服务公司往往以根据收益计算得到的企业价值倍数出售,这意味着投资退出金额要大得多,因为其价值是基于扣除费用前的营收计算的。软件即服务投资退出的企业价值倍数可能是年度经常性收入(ARR)的8~20倍,甚至更多。**年度经常性收入**,或**年度运行率**,是来自企业现有认购的年度收入。高增长的公司甚至可以根据**月度经常性收入**(MRR)出售,投资者发现这更容易预测。

运行率越高、当前月增长率越高，企业价值倍数也就越高。大多数企业的企业价值倍数通常是息税折旧摊销前利润的 1~4 倍。因此，软件即服务公司的企业价值倍数不仅高于大多数企业，还是根据营收而非息税折旧摊销前利润或利润计算的。我喜欢在我的投资组合中纳入一部分技术公司，因为它们有很大的上升潜力。

结构

在投资这家孵化器公司的时候，它一共有 7 家投资组合公司，估价总计 1 600 万美元。我在投资时想办法获得了 36% 的估价折扣。此后，这一投资组合公司的价值增加了，所以这部分谈判是一次重大胜利。我还谈下了母公司每 10 万美元 1%（每 5 万美元 0.5%）的认股权证结构，并能永续。这意味着，只要 7 家投资组合公司的任何一家出售，我的投资者团队就能从中分一杯羹，不管这家公司实际需要多长时间售出。

我们的计划是，每 6~12 个月有一家投资组合公司出售，这样就会出现多个流动性事件。此外，对于母公司收购的所有其他投资组合公司，我谈下了同样的认股权证结构，以便在未来 5 年里获得每一家新收购公司的所有权权益。为了明确起见，我对前 7 家投资组合公司的投资是永久的。只有这 7 家公司之外的其他投资组合公司，才适用于较短的 5 年期限。

如果在 5 年期限结束时，我的狮网成员没有获得至少 2 倍于企业价值倍数的投资收益，那么协议中与获得其他投资组合公司的权证相关的部分条款将自动续约一整年，直到获得相当于企业价值2倍的最低收益。到目前为止，我们已经收购了另外3家投资组合公司，并将其纳入我们的投资。我们顺理成章地得到了这3家新投资组合公司与前7家相同的认股权证结构。这样一来，此次投资的投资组合公司总数达到10家，未来还会增加更多。

过滤器

大多数时候，当你投资软件公司或者软件公司的风险投资基金时，这是一种长期持有，这意味着你的投资在7~10年甚至更长时间里都不会获得收益。对我来说，收回投资或获得收益的时间太长了，我等不了，因为我想把同一笔钱同时利用多次。例如，如果在每次投资的两年内收回本金，我就可以用同一笔钱在10年内进行至少5项不同的投资，同时获得至少5种不同的收益，并可能拥有至少5种不同的股权头寸。

至于这种投资，第一年退出的可能性非常大。只要你明智地做出选择，并按照我向你展示的方式洽谈条款，你很有可能在头两年就退出，对你来说这真的很不错。此外，发生流动性事件的机会很多，因此在整个投资期中，你可能会多次获得收益，甚至一年一次。

谈判

为了降低风险，我提出了若干战略性条件。第一个条件是看跌期权加上 20% 的利息。如果我的投资团队不满意公司的发展方向，那么我们可以在任何时候收回我们的投资，并获得期间的 20% 的利息。第二个条件是首次清算优先权，这样**首次退出**将全额收回我们的本金，无论出售价格是多少。即使出售的金额低于我们基于认股权证的投资，我们也有合同保证，我们能在公司其他人取出任何资金之前，先获得全额投资收益。此外，如果业主筹到更多资金，那么我们仍然处于偿付的第一顺位。

交易回顾

我喜欢具有巨大收益潜力、多个退出机会、强大的下行风险保护的投资。这种方案对投资者来说是非常友好的。在第一年内，至少赚回本金的可能性极大，然后我可以从交易中收回所有的钱，并继续参与未来几年的上行收益。即使目前的 10 家投资组合公司只有一家售出，我仍然能收回投资额，并获得较高的收益。如果有两家或更多公司退出，我就能获得指数级增长的收益。两家或多家公司出售的可能性非常大，因为已经有一些知名的战略性买家咨询过购买这些投资组合公司的事宜。

此外，公司所有者已经在讨论在当前的投资组合中增加几家公司。整个投资组合的规模可能会扩大到 30 多家公司，我的狮网成员将获得认股权证比重。不管投资出于何种原因表现不佳，我们都可以执行看跌期权并加上 20% 的利息，获得丰厚的收益。

关键是，这家孵化器公司是一个很好的投资机会：能够"减脂"，以所有者风险共担的方式投资，并且该交易符合包括投资者在内的所有人的利益。

· 第 15 章 ·

戒律9：善用杠杆

成功的交易80%靠心态，20%靠技能。

托尼·罗宾斯

我常听人们说，他们没有钱，无法投资房地产。这完全是一个思维误区。你并不需要有那么多钱。根据我的经验，当你手头有好交易时，钱会从四面八方向你涌来。因为投资者想找到好交易，所以，如果你能找到一笔好交易，从他们那里筹钱就很容易。老练的投资者一眼就能认出好交易，并且想加入其中。

　　我喜欢把银行作为投资的资金来源，但只有在银行向我提供优惠的条款时我才这样做。如果不是这样，我就会把它们从我的交易中剔除。

　　在某些情况下，当购买房地产或投资其他资产时，我会寻求银行的帮助。传统上，银行放出的是**有追索权贷款**，这意味着，无论我因何种原因违约，银行都可以追索我的资产。对于这种贷款，你要谨慎一些，要清楚你签的是什么样的合同。在多数情况下，作为抵押物的资产本身的价值足够高，因此可能不会产生其他追索。如果出了什么岔子，银行拿走这项资产，这样你就可以翻篇儿了。然而，从法律上讲，银行有权追索你的全部资产，直到收回所有贷款。

如果你与银行合作一笔房地产交易，那么你通常能以20%~25%的首付购买一处房产。这是一个好办法，这样做可以增加你的净资产，并使你拥有一项主要用别人的钱购置的、能够为你带来收入的资产。此外，你还可以获得资产的增值，修缮房屋，通过收取更高的租金在现金流收益的基础上赚更多钱。另外，你的房子一直都在出租，你可以用租客付给你的租金偿还你的抵押贷款。

这只是一个例子，这个例子足以说明，该如何让你的资产增值。并且，你只要付20%~25%的首付就可以买下这一资产，你的首付甚至可以更少——如果你可以谈成一笔卖家融资的交易或找到合适的银行与你合作。你可以抵押一笔贷款以获得更优惠的条件，如果这样，你不必花那么多钱就能得到一项具有内在价值的资产。由于你只需要支付很少的首付就能拥有这一资产，因此**杠杆作用**被放大了。

有的人不投资房地产的另一个原因是，他们认为风险太大了。这也是一个完全错误的想法。事实是，他们不投资是因为他们对房地产不够了解，也没有投入时间去学。我不会因为希望什么资产会增值就购买什么资产，我购买资产是因为我知道，从今天开始我就有现金流了。

房地产投资并不难学，尤其是房地产租赁。我经常关注那些别人认为风险太大而放弃的交易。当评估它们时，我常常发现，我可以在几乎没有风险的情况下获得这笔交易，并谈下更好的条款。因为所有那些在我之前接触这笔交易的人，都只是看到对方的第一次报价就放弃了，而没有和对方谈判。

在这种情况下，唯一受益的是卖方，所以买方没有进一步谈判就放弃了。只有让买卖双方都受益的交易，才是好交易。我选择了那些被别人放弃的交易，谈下了更好的条款，几乎可以零风险地赚钱。成功来自你如何带着共赢的思路去组织交易结构、与对方谈判。投资者因拥有了这一资产或获得了更多股权而受益，而卖方因获得了他们满意的价格和条款而受益。所以大家都赢了。

> **限制存在于心里。大脑设想你能做到，你就能做到，只要你百分之百地相信你的大脑。**
> ——阿诺德·施瓦辛格

▶ 借贷选择

让我们来讨论一下各种借贷选择，每种贷款都存在哪些风险，以及如何利用不同类型的杠杆。

前两种贷款属于直接贷款，这意味着贷款人最终会直接提供资金。

（1）**卖方融资**。这是我最喜欢的直接贷款选择。它比传统的贷款产品要快得多，而且你通常可以谈下最优惠的条款。这种贷款通常是无追索权的，这意味着如果出现任何问题，贷方只能收回合同中约定的资产，而不能追索你的其他资产。借款人不承担偿还贷款的个人责任。这是我想要的很好的保护措施。

（2）**传统的银行贷款**。我更喜欢本地的小型银行，因为你和小型银行谈判的余地会大一些。这些银行通常会主动寻找发放贷款的对象，而且往往比大型银行更了解当地的房地产市场。这些贷款大多数是有追索权贷款，这意味着如果你违约了，银行可以追索你的任何资产以获得偿付。美国小企业管理局贷款和传统贷款是你的主要选择。美国小企业管理局的贷款由政府做部分担保，但你需要跨越更多的障碍才能获得贷款，而且可能需要花费更长的时间才能达成交易。我向银行借的大部分贷款都是传统贷款，票据的期限通常为3~10年。

接下来的两种贷款属于二级市场借贷选择，这意味着贷款在贷款人和投资者之间进行买卖。它们都属于**无追索权贷款**。

（1）**管道贷款，又称商业抵押担保证券贷款**。这些贷款通常是由华尔街投资公司创设的，它们最终会被捆绑在一起，在二级市场出售给其他投资者。这些贷款的利率比传统银行的低，而且通常可以提供更长的票据期限。这些贷款的期限多为10年，通常可以转让。所以，如果你出售资产，其他人就可以接手你当前的贷款，免除你的还款义务。这一点可能对新买家颇具吸引力，特别是在其利率低于市场利率的情况下。

管道贷款的缺点是：贷款一旦发放，就缺乏灵活性。这些贷款是为长期持有而准备的，所以如果打算在几年内转手房产，你就不必考虑这种贷款了。另外，你还要考虑一些费用问题。如果你提前出售房产或为房产重新贷款，贷方就会收取一定的费用，这种费用被称为**废约费**。或者，如果你提前偿还贷款，贷方也会收取费用，这一费用被称为**收益率维持费**。新买家如果想要接手贷款，通常需要支付一些费用。一般来说，设立管道贷款的费用是在交易完成时预付1%。

（2）**机构贷款**。这些贷款由政府资助的机构发放，如联邦国民抵押贷款协会（**房利美**）和联邦住宅贷款抵押公司（**房地美**）。这些贷款也被捆绑在一起，在二级市场上出售给其他投资者。这些贷款和管道贷款有许多共同的优点和缺点，例如无追索权、费用结构相似，但这些贷款的主要优点是，你通常可以获得30年的固定利息。对以购买和持有资产为策略的投资者来说，这些贷款是非常合适的。

▶ 如何让贷款为你所用

另一个成功的生活方式投资策略是购置资产并永远持有，永不出售。你如果需要现金，就可以以这些资产为抵押物进行贷款。房地产、股票、终身寿险以及其他资产都可以作为抵押物。多年来，我一直在使用这一策略。最近，我收听了微策略（MicroStrategy）联合创始人迈克尔·塞勒的播客节目，他谈到了一个类似的策略。

大多数人都不知道，他们的股票可以作为抵押物。假设你拥有 100 万美元的亚马逊股票。现在，你可以去一家当地银行，以伦敦同业拆借利率（LIBOR）加上 50 个**基点**（0.5%）的总利率（0.65%），获得一笔 80 万美元的贷款。**伦敦同业拆借利率**是全球银行相互拆借的基准利率。获得这些贷款不需要处理税务问题，因为它们不需要纳税。

让我们再看看这个例子。假设你有 100 万美元的股票，而你需要 10 万美元来支付生活费用。倘若你出售 10 万美元的股票，那么，根据你的收益情况，你将被收取 25%~50% 的税。这样的话，你税后可能只剩下 5 万美元。实际上，你只有卖出 20 万美元的股票，才能得到 10 万美元左右的生活费。那么你只剩下 80 万美元的股票了。如果连续 5 年每年卖出 20 万美元的股票，那么你最终会把所有的股票都卖光（不包括股票收益）。到了第六年，你已经没有钱了，你需要寻找其他办法来获得 10 万美元以维持生活。

我有一个更好的方法。现在你可以把 100 万美元的股票当作抵押物进行贷款，并支付低至 1% 甚至更低的利息。假设你需要 10 万美元的生活费，你以股票作为抵押物，借了 10.1 万美元（10 万美元加上 1 000 美元利息）。在这种情况下，由于

第 15 章 戒律 9：善用杠杆

你有一笔贷款，而且你没有出售资产，你不需要为股票缴税，因为你没有与股票相关的收入或资本收益。

此外，只要股票持续增值，你就可以一直这样做。如果你的资产每年增长10%，你就可以以增值部分作为抵押物不断贷款。换句话说，如果你有100万美元的股票，且它每年上涨10%，也就是说，每年会上涨10万美元，你就可以每年以10万美元为抵押获得贷款维持生活。

对于房地产，你也可以如法炮制。当你的房地产升值时，你可以去银行重新贷款，以免税的方式支付生活开支。你没有资本收益，是因为你没有出售任何东西；你没有从中获得收入，因为你只是将它用于抵押借款。负债抵销了资产。此外，房地产可以传给你的继承人，这样他们也可以一直做同样的事情，并把房地产再次传给他们的继承人。

这个例子展示了每个老练的房地产投资者都会做的事情。随着政府不停地印刷钞票，你的房地产将继续增值。随着货币供应量的增加，你的资产也会增多。

假设你拥有一处1 000万美元的房产，那么你可以将它用于抵押，贷款800万美元。你不会考虑卖掉房地产，因为你要缴税。相反，你可以继续抵押它以获得贷款，获得免税收入。如果你继续用你的房产净值重新贷款，除了利用这笔收入维持生活，你还可以用这笔收入购置更多房产，把它们作为抵押物，贷更多的款用于生活。

为了让这一策略奏效，你需要一个低利率的贷款环境，并与一些优秀的银行家建立牢固的关系。你还希望货币供给继续增加，这样你的资产就会继续增值。然后你可以利用杠杆获得更多资产，然后以这些资产为抵押物进行贷款。

与其赚取必须纳税的收入，不如像沃伦·巴菲特说的那样，拥有会增值而无须缴税的房地产，最好是永远持有它。所有这些都是可能的。即使你的房地产没有带来现金流，也能为你的生活方式和财务状况增加更多的选择。

你也可以使用同样的策略，以终身寿险为抵押物进行贷款，这可能比上面两例中使用股票和房地产作为抵押物、获得免税贷款用于生活的潜在利益更大。

▶ 生活方式投资如何运作

下面的例子运用了本章提到的若干策略，堪称生活方式投资的完美范例。在本书中，我一直在使用移动住宅园区投资的例子，因为它们都是真实的交易，让我踏上了成功之路，赚了不少钱，而且它们都属于非显著投资。下面我想从杠杆的角度分析一下这个例子。我这样做是为了让你看到我的投资是连贯的、连续的、自律的。如果你找到了好交易，那么我鼓励你像我一样自律，并把本书所有的原则、过滤器和戒律融会贯通。

▶ 实例：移动住宅园区

这笔移动住宅园区交易，是我在购买这个园区之前的近 5 年，在打电话给这位陌生的业主时发现的。我与业主、他的妻子和他们的女儿搞好了关系，帮助他们管理园区的日常运营。这些年来，我经常和他们保持联系，因为我希望他们在有什么好交易时能第一时间想到我。另外，这处移动住宅园区和我投资的另两处园区在同一条街上，所以，当去那两处园区时，我也会时不时亲自去那儿看看。

我知道业主早晚会卖掉这个园区，因为他年纪越来越大了。但这个园区是他一手创建的，他对这个园区充满了眷恋，因此不舍得出手。最终，这位业主去世了，但他的家人还记得我。到了出售这处园区的时候，我就成了他们的第一选择。

心态

我喜欢投资移动住宅园区，原因是多方面的。只要你购置这些园区的方法正确，它们的风险就会很小。你很容易通过它们获得融资，因为它们是所有房地产中违约率最低的，而这正是贷方喜欢的。你可以通过任何一种方式（如卖方融资、银行融资、管道融资和机构融资）购买，只需要支付 20% 的首付，条款也很不错。从你拥有这些园区的第一天起，它们就会产生现金流。园区的修缮也很容易进行，而这会立即让园区增值，从而为你带来更多的现金流。

廉价住房的需求通常很大，而且几乎不受经济衰退的影响。每个人都需要一个住的地方，而移动住宅园区是最便宜的住房，它还比公寓拥有更多的设施。移动住宅有一个院子，没有人住在你家楼上，也没有一天到晚传递噪声的共用墙壁。租客只需要支付场地租金（在美国平均每月只有 280 美元）就可以实现他们"居者有其屋"的美国梦，没有比这更便宜的房子了。

而你能享受大量的税收优惠，因为你拥有房地产。

结构

我是这样构建这笔交易的：

- 购买价格为270万美元，并从当地银行获得贷款。
- 20%（54万美元）的首付。
- 剩下的216万美元，以利息为5%的10年期债券的形式支付。
- 按25年摊销（根据25年贷款支付）。
- 月度现金流（按揭贷款的数额很低，从拥有这处园区的第一个月开始，我每个月都有可观的现金流）。
- 除了大额票据，再加上15万美元的附加贷款，我可以用这笔钱重新铺设园区道路，并同样在25年内分期偿还这笔钱（进行**资本改良**的一个战略性方式是：使用银行的资金而不是你自己的资金，没有首付，每月只有一笔小额支出，

第15章 戒律9：善用杠杆

能享受巨大的税收优惠）。

- 园区的估价远远高于买入价，所以我知道我是在以低价购买这处房产，并且几乎可以消除所有风险（但我确实以卖主的要价买下了园区，所以这是共赢的交易）。
- 第一年的利润为22.4万美元（第一年的现金收益率为41%）。
- 第二年的利润为32.6万美元（我们修缮了园区，并向居民收取了水费和排污费）。
- 两年内盈利55万美元（首付只有54万美元）。
- 第三年，继续修缮园区，提高租金（园区租金仍低于市场价，因此盈利能力持续上升）。
- 由于与地方银行建立了良好的关系，我洽谈了**贷款修改**，以确定更好的条款，并在购买园区一年后从园区抽出了近100万美元的房产净值（贷款修改类似于重新贷款，但它便宜得多而且非常迅捷，只需要几天时间就能搞定）。

过滤器

这笔交易我一开始就觉得很合理，因为这是一笔场外交易，我可以直接与业主洽谈价格。我知道我买到的园区是以低价买入的，所以很容易获得贷款。我知道这个园区的现金流足以支付我所有的开销，让我能维持甚至超越现在的生活品质。这次投资让我实现了再也不需要依赖劳动收入的目标，它也成了更多能带来可观现金流的交易的催化剂。超过生活支出的额外现金流被投到更多能产生现金流的资产上,提高了这一投资的总收益。

谈判

想要达成这么棒的交易,我必须洽谈很多要点。当我进入谈判的最后阶段并敲定买卖合约时,卖家决定通过经纪人来出售园区。原本只有卖家和我谈这笔交易,有了经纪人之后,情况就变得复杂了。经纪人想要将价格提高 30 万美元,所以我与他的第一轮谈判就是让这个价格回到原来的价格。然后,为了得到优惠条款,我又与银行进行了多次谈判。

每当决定贷款时,我都会向至少三家不同的银行咨询贷款合同的具体内容。这样,我就可以让各家银行互相竞争,并从各家银行获得更有利的条件。我发现,当贷方知道有好几家银行在竞争我那笔生意时,他们就会在合同条款方面互相竞争,因为他们不想错过给我提供贷款的机会。在交易达成后,我会通过谈判获得额外的贷款,用来修缮园区,然后通过贷款修改获得更有利的条款。贷款条件本来已经相当不错了,但我设法从交易中抽出了近 100 万美元的房产净值,然后我就可以转身把资金投到更多能产生现金流的资产上。

交易回顾

这也是一个关于杠杆和虚幻收入的范例,正如我在第 12

章叙述的那样。我利用 100 万美元（这笔钱在我购买园区时还不存在）获得了现金流。仅仅是来自这笔虚幻收入的现金流，就让我现在每年获利近 15 万美元。最重要的是，这是一笔非常划算的交易，原因有很多，而且我现在仍然拥有这处房产。

获得和使用杠杆最好、最快的方法是借钱或做一笔低首付（或根本没有首付）、无追索权的卖方融资交易。你这样做实际上等同于在没有风险和成本的情况下将财富转移给你自己。如果能找到一种不用开支票就能改良资产的方法，你就能提高资产净值，同时也能增加现金流。

这里有一个例子。你可以找到一项资产，进行低首付或无首付的卖方融资，或者选择我在本章提到的融资手段中的一种。也许你可以找一个愿意为你的房地产进行维修，并且只收取少许费用的服务提供商或合作伙伴，然后你可以找一个愿意只收取少许费用的房地产经理。这是一桩没有风险、不需要现金的交易。

运用杠杆最棒的一点是：它只是一次谈判、一次锻炼创造力的实践，你顶多遭到对方拒绝。但大多数时候，你可以通过问一些关键问题，或者效仿一个做过类似交易、帮你开辟道路的人来达成交易。找到一个导师或出谋划策者，能让你事半功倍。一个点子能给一笔交易带来 10 倍于支出的收益。

**你会不断成长和进步。
我从来都不想到达目的地。
我想继续我的旅程。**

· 第 16 章 ·

戒律 10：
让每一美元的投资都能产生收益

对知识的投资收益最大。

本杰明·富兰克林

如果我告诉你，我可以保证你的投资获得 5 000% 的收益率，并且能让你在两个月内就收回初始投资，那么，你会怎么做？如果我告诉你，假如不进行这项投资，你一定会投资失败，那么，你会怎么做？在战争时期，士兵们被告知要做最坏的打算，那是因为，做了最坏的打算之后，最糟糕的一幕永远不会发生。（我会在本章的最后告诉你这样的投资是什么。）

▶ 关于知识的种种误解

有些人认为，自己不能投资是因为不懂投资。这又是一种误解，因为你可以学习。事实上，你一旦参与了某项投资，很快就会被迫了解它。我发现，所有权是最快的学习方法。

一般人都会认为，自己如果不是专家，就不能做某些事。这也是一个彻头彻尾的误解。你可以聘请任何领域的专家。我和一群顾问共事，他们在很多方面都比我聪明。这就是我和他们共事的原因，也是我为他们加入我的团队感到高兴的原因。我在与专业人士交谈时，会先让他们明白，我不是请他们来为我打杂的。打杂的工作谁都可以做。我聘用他们，是为了让他们教我新的知识，让我明白他们为何做出某些决定，其背后牵扯到哪些枝枝蔓蔓。

而且，我只聘请处于行业顶尖水平的专家。我想了解他们所知道的一切，这样我就可以在未来利用这些知识。这种方法可以使我在与他们一起工作的时候获得最高水平的经验。不仅如此，我还从这些专家那里受到了极佳的教育，获得了未来可以使用的锦囊，在我理解这些诀窍、了解其背后的原因之后，我可以避免以后为同样的错误买单。

首先要投资的是你自己。

想象一下，你聘请了一位专家来帮助你。你一定想知道他为什么会做出某些决定，因为你不是在为他的服务付费，而是在为知识付费。这样的心态让我受益匪浅。因为我密切关注我的每一笔交易，还向我的律师、注册会计师和税务规划师提出大量问题，所以，以后我能依赖这样的背景和专业知识，参与新的交易谈判。另外，由于我可以做大量前期准备工作，因此我需要他们的时间可能更少。这意味着我可以节省不少费用。

▶ 经验丰富的顾问

我很乐意为一流的法律服务和其他专业服务付费。支付大量服务费用曾经让我倍感苦恼，后来我才明白，靠自己去解决这些问题要付出更多劳动、更多心血。现在我明白，聘用那些最优秀、最聪明的人来帮我，可以让我获得令人难以置信的回报。我把钱用对了地方，这是我花得最开心的钱。

我真的认为，如果你能找到一位愿意向你传授知识的专家，那么把任何在你核心能力之外的事情外包给别人，都是合理的。

我的顾问都很聪明，在我几乎一无所知的领域中，他们拥有多年的专业技能。聘用他们为我节省了很多时间，我无须再为各种事务头疼。即使是把那些事当成我的全职工作去做，我也不可能做得和他们一样好。此外，他们的观点可能与我的截然不同，他们的深刻见解是我自己永远都无法想到的。我的顾问还能让我注意到自己的盲点，他们比我更注重细节，不会放过任何小事。

> 知之为知之，不知为不知，是知也。
> ——孔子

除了帮助我的投资获得更高的收益，构建交易结构使其达到预期的效果，他们还帮我避开了糟糕的投资。说到我最希望从我的顾问那里获得的知识和技能，我想到的是，在帮助我获得更高收益、保护我免受损失、帮助我把税收风险降到最低的基础上，如何继续为我的投资增加价值。我的法律顾问聚焦于这些关键领域，给我的投资带来了难以置信的高收益。

有时，参与一项交易可以为未来的交易打开大门，因为别人会因此知道你的存在，当下一笔有吸引力的交易出现时，他们会优先考虑你。投资的第一个关键点是建立人脉、维护关系。第二个关键点是确保你能说到做到。你如果表明你要投资某个项目并提供资金，就应该按照你所承诺的时间和方式提供资金。无论走到哪里，你都要给别人留下一个好印象。

还有一个关键点，那就是找到合适的顾问。有些人没有意识到，与自己真正喜欢的人一起工作并从中学习是多么重要。我会先和与我共事的所有专业人士面谈，让他们了解自我教育对我来说有多重要。我也会确保我们合得来，而且我真的喜欢和他们一起工作。如果不是这样，我就把他们从我的名单上划掉。我想和专业人士共事，但前提是我喜欢和他们共事。因此，选择专家的过程对我的成功非常关键。

获得投资方面的知识也是成功的关键。当发现某个人的做法奏效时，我就会去模仿这个人的做法。我如果多加模仿，多加学习，就很有可能有所创新，使某种方法更加完善。这并不意味着我一定会比别人做得更好，但这的确意味着，我至少可以复制其他成功人士的做法。

我非常喜欢沉浸式学习，所以我喜欢参加各种训练营、会议和研讨会。多年来，我参加过无数次关于各种投资主题和投资项目的活动。我也喜欢阅读，每周至少读一本书。除了实践，阅读可能是我的最佳学习方式。我也乐意寻求导师的帮助，这让我感到兴奋。我的人生中有很多导师。在大多数情况下，这种关系开始于坦白地请求对方为我提供指导。顺便说一下，我很乐意接受这样的指导，多年来，我一直在为各种各样的指导投资，因为我知道得到的回报是付出的 10 倍、20 倍，甚至更多。

罗伯特·清崎的《富爸爸财务自由之路》是一本非常重要的书，它教会了我思考，作为雇员、个体经营者、企业所有者或投资者，我处于现金流象限中的哪个位置？在创业初期，我以为自己是一名企业家，因为我经营着一家小公司。但是，那时我还不是这家企业的所有者，我只是自主经营。正如罗伯特·清崎在这本书中阐释的那样，如果一名企业所有者停止经营企业一年以上，而这段时间企业能在没有他的情况下继续增长，这家企业就是一家真正有作为的企业，而不仅仅是一家自主经营的企业。换句话说，一个真正的企业所有者拥有让企业成功运营的体系和团队，因此，即便本人缺席，企业也能成功运营。而当时我的情况是，如果离开这座城市一段时间，我的生意就会垮掉。

这一重大发现让我意识到，我必须打造一家更优秀的企业，它不依靠我也能运营和扩大规模。这是一个大多数企业家从未实现的充满挑战的任务。然而，我最大的感悟是，我终于明白了，我以为自己想要成为一名企业家，但实际上我想成为一名投资者。只有成为一名投资者,我才能把我的时间和我的收入真正分开。

从那时起,我的重心转到了如何让自己处于现金流象限中的投资者象限去投资或收购企业,而不是创办和经营企业。多年来我一直在努力朝着这个目标前进。

那么,我在本章开头提到的能获得 5 000% 的收益、能在短短两三个月收回本金的投资是什么?你能做的最大、最佳的投资,就是通过投资一名优秀的商业教练来提升你的知识水平和能力。

▶ 一名商业教练

一名优秀的商业教练可以阻止你犯下愚蠢的错误,比如聘用不合适的员工,并帮助你在最短的时间内建立一支高水平团队。你不需要学习他们所知道的一切。他们可以给你带来你无法找到的交易和机会,帮助你构建交易结构,考虑合适的谈判方式。

你可以这样想:如果回到 20 年前,那么你会投资苹果和谷歌吗?如果你在当时投入几千美元,那么现在这些投入已经价值数千万美元(甚至更多)了。找到一名伟大的教练就像钻进一台时光机。没有人能剥夺你的大脑或让它破产,也没有人能夺走你的知识和经验。你也许听说过,有的亿万富翁一次又一次失去全部财富，又一次又一次地脱胎换骨，再创辉煌，其中的秘密就在于此。

下面这个简短的例子可以告诉你投资机会是如何出现的，以及这个例子为何值得你回味。

▶ 实例：维修供应公司

我和两个商业伙伴通过我们共同拥有的另一家公司投资了一家维修供应公司。进行这项投资的母公司希望通过 **A 轮投资**筹集资金，A 轮投资通常是第一轮重要的风险资本融资。**风险资本融资**是私募股权的一种形式，是投资者向被认为具有长期增长潜力的初创公司提供资金的一种融资方式。

在此之前，我已经售出了我在那家母公司的部分股权，并收到了部分分期支付的款项，但在那家公司的账簿上，欠我的票据未付余额看上去仍是债务，这使它很难通过 A 轮投资筹集资金。在那段时间里，我的两个参与母公司经营的合作伙伴和维修供应公司的所有者发生了冲突。在双方多次尝试重新谈判后，我们投资的维修供应公司似乎不想偿还合同中体现出的欠款，也就是说，也许只有打官司我们才能拿到这笔钱。

我真的希望这个问题能够以友好的方式解决，所以我介入了，并谈妥了一份协议。我免除了母公司仍然欠我的票据余额，清理了妨碍他们筹集 A 轮融资的债务，目的是从对维修供应公司的初始投资中获得**权利金协议**的全部权利。权利金协议基于销售总额的最高水平。我设法降低了维修供应公司应支付的总金额，帮助这两位业主和他们的公司打造一个更好的现金流方案。这对三方来说是真正的共赢。

心态

我花了一些时间和我的律师一起分析我的投资状况和现金流。他帮助我和他的律师事务所的许多同事取得了联系，为我目前的几项投资征集专家建议。在一次头脑风暴会议上，我们看到了与母公司合作的巨大机会，这可以帮助我解决合作伙伴与维修供应公司之间的冲突。这是一次打破常规的机会，我们也找到了打破常规的解决方案。这个例子完美地展示了拥有一个强大的、有创意的、战略性的、心态与你不同的法律团队的力量。我了解了一些独特的契约机制和一些有创意的想法，这些可以帮助我以中间人的身份促成更好的局面，使双方达成协议。仅靠我自己，我可能无法做到这些。

结构

以下是这份协议的结构：

- 投资0美元（但我确实免除了母公司欠我的近50万美元的

票据)。
- 主动提出帮助维修供应公司通过谈判解除原来的合同,签订对双方更有利的新合同,避免引起诉讼。
- 占销售总额的一定比例。
- 按月分配。
- 如果维修供应公司出售,那么认股权证基于销售总额。
- 当该公司出售时,享有清算优先权。

过滤器

这是一笔很不错的交易,因为维修供应是一个蓬勃发展的行业,有无限的增长潜力,不需要我投入太多时间和资金,我可以通过创造每月现金流来维持一家人的生活品质,最终为我赢得更多的时间。此外,我还帮助维修供应公司摆脱了棘手的法律困境,重新谈判了交易条款,使维修供应公司能够受益。展望未来,我知道,随着这家公司规模的扩大,我可以成为这家公司的一种资源。这对各方来说都是共赢的局面。

谈判

我谈下了按营收的一定比例分成和按月分配这两项条款,这一直是我最喜欢的投资结构。即使该公司选择在未来出售也没有关系,因为我谈下了额外的权证,而这一权证基于销售总额而不是净收入，这是非常重要的区别，类似于营收分成模式和利润分成模式的区别。收入分成比利润分成创造的收入更多，因为前者是在扣除支出之前计算的。同样，销售总额比净收入带来的收益更高。我还谈妥了在所有者提前出售公司的情况下，投资者能获得基于收入分成的最低保证收益。

交易回顾

如果积累了足够的知识，召集了优秀的顾问和专业团队，并参与了足够多的交易，你就能找到大量机会，能以一种有利于交易各方、能获得长期现金流和股权的方式优化交易甚至重新谈判。然而，如果没有别人的知识和经验，没有参与的机会，那么这样的共赢投资机会永远不会出现。

要想运用这些学到的技能，你需要迈出第一步，做出承诺，然后追求你的梦想。

在与我最喜欢的一位私人教练客户（我们就叫他 JJ 吧）进行了战略性会谈（似乎只有 10 分钟）后，我们享用了庆祝晚宴。我们构建了一个符合他的生活方式投资目标的完美投资组合。我与他仅仅合作 90 天，他就投资了近 10 笔交易，每一笔交易的金额都达到了 6 位数或 7 位数。与像 JJ 这样聪明的"狮子"共事的一大好处是，我从客户身上学到的东西和他们从我身上学到的一样多。

在那次战略性会谈后的第二天，我在日记中这样写道：

昨天和JJ进行了一次有趣的战略性会谈。JJ的学习欲望和记忆能力给我留下了深刻的印象。他不仅非常聪明，还很投入。我很欣赏他的思想深度和战略眼光。我觉得他能比大多数人多思考好几步。他对知识产权的了解令人印象深刻，他不但为他最近投资的公司创造了非常多的价值，而且真的在帮助这些公司发展壮大。他不仅在自己的第一家公司成功实现了重大的战略性退出，还在努力建立下一家公司，以获得更好的退出机会，并为高管和其他所有者提供了非常多的智慧。我很期待今天的第二轮会谈，到时候我将详细介绍我使用的许多具体策略。我觉得JJ会从我们共度的时间和我们的友谊中受益良多。我也很乐意学习、了解他的观点和见解。对我们来说，这将是有趣的一年，而且不止于此。

在本书的开篇我和你们说过，富足的生活离不开富足的心态。关于这一点，我怎么强调都不为过。富足的心态意味着置身一个由拥有富足心态、虚心受教的思考者构成的富足的投资环境中，这些思考者能够发现共赢的机会。投资不是零和博弈。

通过分享这些有效的原则和戒律，我真的做到了授人以渔。当知道这一点时，我获得了最大的满足。我能够改变人们的心态，并给他们带来丰厚的经济收益。每一美元的投资都能产生收益，尤其是在你投资个人成长和生活方式投资者心态的时候。

启程

PART THREE
第三部分

THE CALL

· 第 17 章 ·

成为一名
生活方式投资者

成功不是一蹴而就的,
而是每天都比以前好一点点,
是一个逐渐累积的过程。

——

道恩·强森

现在，你已经掌握了生活方式投资的十条戒律，你准备好开始行动了吗？成为一名生活方式投资者意味着创造你梦想的生活、富足的生活，也意味着帮助别人创造这种富足的生活。一旦驾驭了这种生活方式，你就会在你的影响范围内产生涟漪效应，这将改变人们的生活状态，影响成百上千甚至数百万人的人生。

　　并不是每一个阅读这本书的人都会花时间和精力去改变自己的心态。每个人都有一些与金钱相关的心理包袱。我相信，在某种程度上，每个人对金钱的态度都是矛盾的。

　　也许你对金钱的态度是矛盾的，并且意识到了这一点。也许你对金钱的态度是矛盾的，但你对此毫不知情。在你继续阅读本书之前，我给你提出以下建议：

- 先停下阅读，写下你对金钱的看法，写得具体一些。
- 现在回顾一下十条戒律，完成你之前没完成的练习。

我的目标是让你在本书的一些地方做标记，因为你会经常回顾这些戒律。你可以写下你的想法、问题和观点，还可以写日志。随着你对这些策略的运用，你会逐渐成为生活方式投资者中的一员，时刻观察你的进展。

▶ 一些重要事项

你有没有遇到在某些方面比你更聪明，可以帮助你成为一名生活方式投资者的人？找个导师怎么样？把你想到的人列出来。

接下来，计算出你最简单、最基本的生活开支。你不妨这样想：假设你受伤了，3个月内不能工作，你需要在银行里存多少钱才能保障全家人的生活？写出具体的数字。把3个月的生活费乘以4，就能得出你的家庭每年生活费的具体数额。把它分成12份，就能得出每个月覆盖基本支出所需现金流的金额。这个数目看起来并不像你想象的那么可怕，对吧？

按照你现在的生活方式，做一遍这个练习（如果你还没有计算过），这样你就能知道你每个月的生活费是多少了。现在你可以计算出你每个月需要多少现金流才能实现财务自由。这就是你想要的自由。

▶ 自由方程式

现在回顾一下你的个人自由方程式。为了实现你最想要的那些自由，你需要了解什么？如果想成为一名生活方式投资者，你现在就要采取行动。

- 第一次投资你会投入多少资金？
- 这项投资能给你提供多少月度现金流？
- 你对哪些投资机会感兴趣？
- 根据十条戒律评估一下你的投资组合。你的得分是多少？如果满分为10分，那么你的得分是5分、7分，还是10分？
- 找到一项符合所有戒律的交易。
- 和与你有相同价值观、相同目标的生活方式投资者交流，建立你的人脉网。

▶ 投资教育

哈维·麦凯说过："我们的生活通过两种方式得以改变：我们遇到的人，我们读到的书。"这非常符合完美的生活方式投资者"狮子"的特征。这些"狮子"有强烈的求知欲，能获得他们需要的教育，也想弄明白如何实现财务自由，让自己变得富有。

你如果想赚更多的钱，就和志同道合、思想丰富的人打成一片。正如托尼·罗宾斯用他的人生经历教你的那样，"把和你相处时间最长的 5 个人的收入加起来再除以 5，可能就是你的收入"。"狮子"们也会聘请商业教练，参加智囊团，阅读他们推崇的人所写的书，并想方设法开拓人脉，去结识这些人。

▶ 记住基本原则

以下是对积累财富的基本原则的简要回顾。

（1）和其他事物一样，积累财富也是一种技能组合。创造财富的方式有很多，要想把它们都利用起来是不可能的，你只有接受足够的教育，拥有足够的技能，才能在机会出现时抓住它，或者发现大多数人看不见的机会。即使你拿走了我所有的财富，我也可以在很短的时间内重新积累起来，因为我知道该怎么做。这是我技能组合的一部分，我相信其他人也可以拥有这样的技能组合。

（2）说到积累财富，更重要的是连续一致的行为和运用科学的体系，而不是依

一旦把资金投入交易，你就想学习了。

赖一次性的投资退出。一次就获得一大笔收益的好事，我从来没有遇到过。相反，我一直不断获得小额收益，随着时间的推移使其积少成多。当投资时，你能理解这种连续一致性是一件

好事，这样你就不会试图在每次投资中都击出本垒打。一垒打和二垒打越多越好。三垒打当然很棒，但没有必要那么多。

（3）首先投资你自己。当首先投资你的思想、身体和大脑时，你就创造了更多的机会。如果没有这样做，你就不会有这些机会。一个失去了健康的富人，会花光所有的钱，以求重新获得健康。

心态

一名生活方式投资者"狮子"的心态是这样的：

- 乐于学习。
- 渴望更好的生活。
- 有成长意识。
- 是给予者，而不是索取者。
- 愿意投资自己和他人。
- 虚心受教。
- 乐于接受建设性的批评。
- 是一名行动者。

结构

一名生活方式投资者"狮子"会这样做：

- 安排好生活，让自己有时间去做自己正在学习的事情。
- 调整时间安排，从而创造利润。
- 学习投资知识，并使自己成长。
- 离开舒适区。
- 和志同道合的、聪明的投资者打成一片。

过滤器

一名生活方式投资者"狮子"符合以下标准：

- 愿意先投资自己。
- 愿意投入真金白银。
- 愿意效仿其他成功的投资者。
- 根据自己受到的财务教育做出财务决策。
- 看到好的投资项目立即下手。

谈判

一名生活方式投资者会采取这些行动：

- 在每一次机会中寻求共赢。
- 利用一切机会回报社会，做出有意义的贡献。
- 利用一切机会，以生产者而非消费者的身份服务他人。

第17章 成为一名生活方式投资者

- 以成长心态的伙伴关系对待每一个机会。
- 争取将每一个机会的收益放大10倍。

现在就开始

在任何年龄或任何人生阶段，你都可以成为一名生活方式投资者。最近，我的一个客户告诉我，他13岁的孙女想创业。当听到孙女这样说的时候，他意识到，他可以教她成为一名生活方式投资者，他自己也正在成为一名这样的投资者。于是，他这样做了。他的孙女用自己的积蓄进行投资，并按照他的指示去做（向他借了一笔必须偿还的小额贷款）。

如今，他的孙女每个月都能从投资中赚125美元。对一个13岁的孩子来说，这算是一大笔钱了。所以，他教她如何将赚到的现金流分成三部分：进行储蓄，继续新的投资，偿还贷款。他让孙女明白了成为"狮子"的益处，因此她也会把一部分钱花在她喜欢的有趣的事物上。

这个故事体现了令我满意的行为和态度：一个人学会了如何成为一名生活方式投资者，然后把这些知识传授给另一个人。让我特别兴奋的是，我能看到，这一家人的行为会对未来几代人和身边的朋友产生什么样的影响。

无论现在多大年纪，你都可以成为一名生活方式投资者。你应该采取正确的心态，踏上这段旅程，这是最重要的。

· 第 18 章 ·

准备出发!

自行规划完美的一天，评估对你最重要的自由价值，创造鼓舞人心的自由愿景，并开始试着用生活方式投资者的心态思考——想象一下这样的人生会是什么样的。回顾本书关于心态的内容，为实现你的梦想做好心理准备。

　　我希望你能：看到你从未见过的机会，创造你想要拥有的人生。为此，我鼓励你执行接下来的6个步骤。

　　（1）重读"戒律1：生活方式第一"中你的自由愿景。

　　作为一名生活方式投资者，你有什么愿景和梦想？现在是抓住你的愿景和梦想的最佳时机。你比你想象的更接近财务自由，你可以拥有充足的每月现金流和被动收入。

　　（2）收听生活方式投资者播客。

　　拿出你的最佳状态。你应该获取技巧和原则，学习如何思考和投资能有效控制风险，使可重复的收益最大化，并通过使用被动收入现金流策略来实现你的生活方式目标。你可以在我的网站上找到这些播客。

(3) **观看我的视频，了解更多生活方式投资者课程。**

如果你正在阅读本书，那么一定是因为你在寻找实用的、战略性的资源和工具，让它们帮助你寻找一条成为生活方式投资者的捷径。你可以在我的播客中找到一些视频。在那里，你将有机会强化一些重要理念，并学习我最新的投资经验。（我在不断寻找更多的投资项目，并不断发现、学习新的方法以抓住不可思议的机会，无论有多少资金，你都可以学习我的方法。）

(4) **参加生活方式投资者在线课程。**

你是否受够了用时间换金钱的生活？今天你就有机会做出改变了。生活方式投资者课程是一个为希望现在享受被动收入的生活方式，而非等待未来积蓄的投资者准备的深度在线项目。它是一个教那些想拥有更多自由时间的人如何投资的培训项目。去我的网站看一看吧。

(5) **申请加入投资者智囊团。**

如果真的想成为生活方式投资者，渴望学习和构建一个现金流组合，想要进入我的人脉网、认识那些专家和顾问，你可以通过结识一群志同道合的成功人士来做到，这样能为你省下数十年的时间。你可以在我的网站上提出申请。

第18章　准备出发！

（6）**申请成为私人客户培训项目中的"狮子"。**

如果我在书中分享的例子和故事让你产生了共鸣，如果你有至少 25 万美元的投资资金，如果你虚心受教，那么你可以让自己少犯几年错，或者避免数百、数千、数万甚至数百万美元的经济损失。加入我的私人培训小组是一个好机会，你可以和我一对一交流，创建一个符合你想要的生活方式、由有趣而令人兴奋的投资项目组成的投资组合。这些投资项目将为你提供长期现金流，并让你获得参与重大退出的机会。

准备好了吗？出发！

术语表　GLOSSARY

加速分配计划 一种加快投资或贷款偿还速度的方式。一般来说，这包括在一段有限的时间内分配给投资者的利润比典型的合伙企业股权分割占比更大，直到投资者收回初始投资。

合格投资者 在收入、净资产、资产规模、管理水平或专业经验方面至少满足一项要求，因此才被允许投资某些项目的个人或企业组织。

实际收益率 反映在一定时期内相对于初始投资成本的投资实际收益或损失的公式。它是衡量实际投资收益的首选方法，因为它不是基于平均百分比，而是基于相对于原始成本的实际投资收益。小心平均收益率，它可能会误导你。

精算师 评估和管理金融投资、保险契约和其他潜在风险投资的专业人员。

机构贷款 联邦政府的某个机构，例如房利美和房地美，提供给投资者的贷款。

另类投资 不属于传统的股票、债券或现金类别的金融资产，包括私募股权、风险资本、对冲基金、房地产、艺术品、古董，以及大宗商品，等等。

摊销 在一段时间内逐步偿还债务，如每月偿还抵押贷款。通常，摊销期限比实际贷款期限长，以降低月还款额，从而提高盈利能力，创造更多的现金流。

放大器叠加 为了获得更高的预期收益，在同一笔交易中洽谈多个收益放大器。

天使投资人 指高资产净值个人（又称私人投资者、种子投资者或天使资金人），他们为小型初创公司或创业者提供金融支持，通常以此换取所有者权益。天使投资人提供的资金可能是帮助企业起步的一次性投资，也可能是持续注资，以支撑公司度过艰难的早期阶段。

年度经常性收入 （ARR）显示企业产品或服务年度收入的财务指标。在本书中，它特指现有认购收入，通常也被称为年度运行率。

套利 为了从不同市场之间的资产价格差异中获利而购买或出售资产。它是一种利用不同市场或不同形式的相同或相似金融工具的价格差异而获利的交易。套利是市场无效率的结果。因此，如果市场都是完全有效的，那就不存在套利交易。

资产现金流 与企业资产相关的所有现金流的总和，用以确定在一家企业的经营活动中被剥离或被使用的现金净额。

资产类别 一组表现出相似特征并受相同法律、法规和市场力量支配的投资。

转让 将权利或财产让与另一个人或另一家企业。这种选择存在于各种商业交易。对投资者来说，最典型的例子是购销协议（PSA）转让。受让人有义务履行合同的各项要求。其他商业交易也可以被称为转让。

非对称风险／收益 非对称风险是指投资者在从标的资产向一个方向移动所获得的收益与反向移动所造成的损失显著不同时所面临的风险。非对称收益是指投资者从标的资产向一个方向移动所获得的收益与反向移动所造成的损失显著不同时所获得的收益。

平均收益率 反映投资或资产的收益与初始投资成本的百分比。要小心，因为这个指标可能具有误导性，不一定反映实际收益率。参见实际收益率的定义。

"气球膨胀"式付款 在贷款期限结束时多于平常数额的一次性付款。

基点（BPS）金融中利率和其他百分比的常用计量单位。1个基点等于1%的1/100，或0.01%。

受益人 从某事中获得好处或利益的人。在金融界，受益人通常指有资格根据信托、遗嘱或人寿保险单获得利益分配的人。

过桥贷款 在个人或公司获得永久性筹资或清除现有债务

之前使用的短期融通资金。过桥贷款是短期的，通常最长为一年。

资本改良 在使不动产大幅增值或者明显延长不动产使用寿命的情况下对不动产的增补或变动。

资本合伙人 所有已为合伙企业出资的合伙人。这个词通常指为合伙企业贡献最多资本的合伙人。

附带权益 支付给私募股权投资或对冲基金投资的投资经理或普通合伙人的投资利润份额。无论是否付出了初始资本，他们都能获得这笔报酬。

现金红利 定期或在某一特定投资期结束时付给投资者的一笔钱，作为对其投资的激励。大多数现金红利在期末支付一次，但可根据不同的投资而变。有时，现金红利奖励与投资项目或公司每年的业绩挂钩。这些奖金从几百美元到数百万美元不等，取决于协议条款和公司的发展状况。

现金流 从投资和其他资产中获得的收入。

现金流投资 持续不断、定期支付的来自资产或投资的现金流。通常分配或利息是按季度或按月支付的。

现金收益率 一种收益率，通常适用于房地产交易和其他产生收益的资产，它测算的是投资于该资产的现金所获得的现金收益。现金收益率衡量的是投资者相对于投资的现金数额获得的年度收益。它被认为是最重要的房地产投资收益率计算方式之一。

共同投资 由投资者与私募股权基金经理或风险投资公司做

出的对一家公司的少数投资。股权共同投资使投资者在不需要支付私募股权基金通常收取的费用的情况下，就能参与潜在的高利润投资。股权共同投资机会通常仅限于已经与私募股权基金经理建立业务关系的大型机构投资者，小型投资者或散户投资者往往无法获得这些机会。

抵押 指用有价值的资产来获得贷款。如果借款人违约，贷款人就可以扣押该资产并将其出售，以弥补损失。资产抵押为贷款机构提供了防范违约风险的足够保障。它还能帮助一些有不良信用记录的借款人获得贷款。抵押贷款的利率通常比无担保贷款的利率低得多。

收藏品 指由于稀有或流行而价值远高于其最初售价的物品。一件特定收藏品的价格通常取决于相同物品的数量以及它的整体状况。常见的收藏品包括古董、艺术品、硬币、历史文献、酒、玩具、漫画书和邮票。

商业抵押担保证券贷款 指受第一顺位商业抵押贷款支持的商业房地产贷款，由商业银行、投资银行或管道贷款机构持有和出售。此类贷款针对的是公寓、酒店、仓库、办公室、零售地产或任何被其他需要此类空间的公司或企业使用的房地产。

资金集中风险 投资组合因集中于单一订约方、行业或国家而产生的风险水平。这种风险来自这样的观察结果：越集中的投资组合，其多样化程度越差。因此，这些标的资产的回报相关性更强。

管道贷款 一种从华尔街金融机构筹集资金用于私人房地产

投资及其他类型投资的手段。

做假账 俚语，指利用会计手段使公司的财务业绩看起来好于实际情况。通常情况下，这包括操纵财务数据来虚增收入、缩减开支，以抬高收益或利润，让公司看起来价值更高。

关联性资产 一种价值与传统市场（如股票市场）的较大波动挂钩的资产。

众筹 通过向大量的个人（通常通过互联网）筹集小额资金来资助一个项目或企业的行为。众筹是另类投资的一种形式。

加密数字货币 一种被设计成交易媒介的数字货币或虚拟货币，受加密技术保护，因此几乎无法伪造或双重支付。许多加密数字货币基于区块链技术的分散化网络，区块链技术是由不同计算机构成的网络所执行的强大分布式账本。加密数字货币的一个重要特征是，它们通常不是由任何一家中央机构发行的，因此，在理论上，它们不受政府干预或操纵。

交易流 投资者、投资银行家和风险资本家使用的一个术语，用来描述商业提案和投资推介被接受的速度。

交易结构 针对收购融资而达成的协议。这项交易可以是杠杆交易、非杠杆交易、传统债务、参与债务、可转换债务或合资企业等。

债务投资 贷款给一个机构或组织以换取本金加利息收益承诺的一种金融交易，与通过购买普通股或优先股进行的传统的股权投资相对。

信托契约 放款人与借款人之间的一项协议，双方同意将财产交给中立的第三方，由第三方担任受托人。受托人持有财产，直到借款人还清债务。在还款期间，除非信托契约中另有明确规定，否则借款人拥有该财产的实际所有权或法律规定的所有权，并对该财产承担全部责任。然而，受托人拥有该财产在法律上的所有权。

违约 未履行义务，尤其是在偿还贷款方面。

废止条款 指当借款人拨出足以偿还债务的现金或债券时，令资产负债表上的债券或贷款无效的合同条款。

折旧 一种将有形资产或实物资产的成本按其使用寿命或预期使用寿命进行分摊的核算方法。折旧表示一项资产的价值被消耗了多少。资产折旧能帮助公司从一项资产中获得收入，同时将该资产使用年份的部分成本计入费用。不考虑资产折旧会极大地影响利润。

衍生品或高风险衍生品 由各方之间的协议构成的投资工具，其价值源于并取决于标的金融资产的价值。与任何投资工具一样，衍生品带有不同程度的风险。最常见的衍生品包括期货、期权、差价合约和掉期。

直接识别公司 当现金价值被用作抵押物时，其现金价值的收益率同时受到正面影响和负面影响的公司。在一家非直接识别公司，贷款现金价值的收益率完全不受以现金价值为抵押的贷款的影响。

多元化投资 一种风险管理策略，将各种各样的投资放在一个投资组合中。多元化投资组合包括不同资产类型和投资工具的组合，从而避免任何单一资产的暴露或风险。其背后的基本原理是，平均而言，一个由多种不同资产构成的投资组合将产生更高的长期收益，并降低任何单一股份或证券的风险。

尽职调查 为确认正在审议的事项的事实而进行的调查、审计或审查。在金融界，尽职调查的要求是在与另一方进行拟议交易之前，对其财务记录进行审查。

劳动收入 因积极参与贸易或商业活动而获得的收入，包括工资、薪金、小费、佣金和奖金，劳动收入是税收最高的收入。

息税折旧摊销前利润（EBITDA） 未计利息、税项、折旧及摊销前的利润，是衡量公司整体财务表现的一个指标。

股权投资 一种金融交易，购买特定公司或基金的一定数量的股份，从而使所有者有权根据其所有权百分比得到适当的报酬。通常被称为股东权益（或私营公司的所有者权益），个人或公司通过向私营或上市公司投资成为股东。

托管 一种法律概念，描述一种金融工具，即由第三方代表正在进行交易的两方持有资产或代管资金。

房利美 一家美国政府支持的企业，全称联邦国民抵押贷款协会，成立于1938年，1968年上市。作为大萧条时期罗斯福新政的举措之一，该公司成立的目的是通过以抵押贷款支持证券的形式将抵押贷款证券化，从而扩大次级抵押贷款市场，使贷款机构能将其资产再投资于更多贷款，并通过减少对当地储蓄和贷款协会（或储蓄机构）的依赖，有效增加抵押贷款市场中贷款机构的数量。

法定货币 政府发行的、没有黄金等商品支持的货币。法定货币能使央行高管对经济有更大的控制力，因为他们可以控制印多少钱。大多数现代货币（比如美元）都是法定货币。

受托人 代表他人行事的个人或组织，需要把客户的利益置于自己的利益之上，并负有保持诚信的责任。对受托人的要求是，受托人的行动在法律和道德上都必须符合对方的最佳利益。此外还关系到信任，特别是在涉及受托人与受益人的关系时，受托人必须始终以受益人的最大利益为出发点。

过滤器 用来筛选投资项目、缩小投资范围的标准。使用过滤器来筛选投资可以节省大量时间并获得更高的效率。

中间人报酬 付给中间人或交易撮合者的报酬，也被称为推荐费或介绍费。中间人找到了交易并引起了利益相关者的注意，因此对方支付这笔钱作为给中间人的奖励。如果没有中间人，双方就不可能找到交易，因此促成交易者有正当理由获得报酬。

第一留置权 违约时优先级最高的债务。如果一处房地产或其他抵押物被用作债务担保，那么第一顺位债权人将先于所有其他债权人得到偿付。这种债务的风险低于第二留置权债务。

部分准备金贷款模式 一种只有一小部分银行存款受实际现金支持并可提取的模式，从理论上说，这样做可以通过释放资本和将其用于借贷来扩张经济。

房地美 是一家由股东所有、政府支持的企业，于1970年获得美国国会批准成立，其作用是使资金流向抵押贷款机构，支持美国中等收入家庭拥有住房或租赁房屋。房地美的全称为联邦住宅贷款抵押公司，其成立的目的是购买、担保和证券化抵押贷款，以形成抵押担保证券。

自由方程式 时间＋金钱＋人际关系＋影响力＝生活方式投资者的自由。

普通合伙人 共同拥有企业或资产并承担日常管理职责的两个或多个投资者之一。普通合伙人有权在没有其他合伙人许可的情况下代表企业行事，但对任何债务都负有无限责任。

硬钱贷款 一种以不动产为担保的贷款，被认为是"最后一根救命稻草"式的贷款或短期过桥贷款。它主要出现在房地产交易中，贷方通常是个人或公司，而不是银行。

控股公司 一种商业实体，通常是股份有限公司或有限责任公司。控股公司通常不生产任何物品，不销售任何产品或服务，也不进行任何其他商业运作。准确地说，控股公司持有其他公司的控股股份。

庄家的钱 在本书中，它指的是你投资的没有风险的资金。由于你已经收回了最初的投资，因此任何额外的收益都是锦上添花。

最低预期收益率 （1）投资经理在获得激励式报酬之前必须在他们的基金中赚取的收益率。[1] （2）经营者或投资者要求的

---

[1] 允许公司就是否推进某个特定项目做出重要决定。描述针对当前风险水平的适当补偿。风险更高的项目通常比风险较低的项目有更高的最低预期收益率。为了确定收益率，必须考虑以下方面：相关风险、资本成本、其他可能的投资或项目的收益。

项目或投资的最低收益率。

收益放大器 任何有助于提高投资收益的机制或洽谈好的条款。安排这些交易条款的方式多种多样。一般来说,一笔交易的收益放大器越多,投资收益越高。

孵化器公司 一种旨在以低于市场价格提供一系列商业支持资源和服务来加速创业公司成长和成功的组织。

内部收益率(IRR)在财务分析中用于估算潜在投资的盈利能力的一种业绩指标。投资收益率(ROI)衡量的是从投资开始到投资结束的总收益率,而内部收益率衡量的是年度收益率。

隐性交易 通常不为公众所知,即使被人们知道也可能无法获得的交易,由于具有排他性,因此很难获得,但可能与新兴市场、新技术或某种颠覆性趋势有关。

额外激励 附加在债务契约上的权利、权证或其他利好,使该债务更受潜在投资者的青睐,如参股。

伦敦同业拆借利率 全球银行相互拆借的基准利率。

留置权 对一项资产的法律上的追索权,该资产用于担保在财产出售时必须偿还的贷款。留置权可以有不同的结构方式。在某些情况下,债权人会对一项资产拥有合法的追索权,但实际上并未持有该资产。而在某些情况下,债权人会实际持有该资产,直到债务得到清偿。当所涉资产是生产性资产时,前者是一种更常见的安排,因为债权人宁愿资产被利用并产生一系列的收入以偿还债务,而不是仅仅拥有它而不加以利用。

术语表

生活方式投资者 用心创造美好生活，能够通过投资赚取被动收入而非从工作或生意中获得收入来支持自己生活方式的人。

有限合伙 当两个或两个以上合伙人经营企业，并对不超过其投资的金额负有责任时，即构成有限合伙。普通合伙人负责监督和经营企业，有限合伙人不参与企业管理。普通合伙人对债务承担无限责任，而任何有限合伙人的有限责任都不超过其投资额。[有限合伙与有限责任合伙（LLP）不同。]

清算优先权 合同中的一项条款，规定了公司在出售或清算（如公司出售、首次公开发行或其他清算支付）时所得收益的支付顺序。通常情况下，如果公司必须进行清算，那么公司的债权人有权比优先股股东先拿回资金，而优先股股东比普通股股东先拿回资金。

流动性事件 指收购、合并、首次公开发行或其他使公司创始人和早期投资者能将部分或全部所持股份套现的事件，被认为是非流动性投资的退出策略，也就是说，它是对那些几乎没有或根本没有交易市场的股份而言的。公司的创始人理所当然会推动流动性事件，与此同时，投资者（风险投资公司、天使投资人或私募股权公司）都希望或期待在初始投资后的合理时间内出现流动性事件。最常见的流动性事件是首次公开发行、其他公司或私募股权公司直接收购该公司。

贷款修改 贷方对现有贷款条款所做的修改。这可能涉及降低利率，延长还款期限，改成不同类型的贷款，或者以现金的形式支取可用资产净值。

长期资本利得税 一种适用于持有时间超过一年的资产的税费。根据收入的不同，长期资本利得税的税率分别为 0、15% 和 20%。这些税率通常比普通所得税的税率低得多。

机会成本 选择另一行动方案所放弃的利益。机会成本有时用损失的边际收益（销售额减去相关的可变成本）来衡量。

心态 思维方式、态度或观点，尤指习惯性的。

最低保证收益 有保证的精选寿险产品的最低收益。

月度经常性收入 表示从产品或服务中获得的每月收入的财务指标（在本书中，它专指现有认购收入），通常也被称为"月度运行率"。

倍数 一种业绩衡量方法。通过简单计算，将财务报表上的某一特定项目或投资乘以另一数字来确定资产或投资总价值。

墨菲定律 一句格言：可能出错的事终将出错。

负套利 当不同市场之间的资产价格差异没有利润时，购买或出售资产失去的机会。它出现在这样一种交易中：不是通过利用相同或类似金融工具的价格差异来获利，而是价格的变化导致了交易的亏损。

谈判 以双方都能接受的方式解决问题的战略性讨论。

非直接识别 保险公司的一种策略，其现金价值的收益率不受任何以现金价值为抵押的贷款的影响。与直接识别不同的是，以保单为抵押物的借贷没有成本，红利也不会降低。

非直接识别公司 现金价值的收益率不受任何以现金价值为抵押物的贷款影响的公司。在直接识别公司中，当现金价值被

术语表

用作抵押物时，贷款现金价值的收益率会受到正面影响和负面影响。

无追索权贷款 一种由抵押物（通常是房地产）担保的贷款。如果借方违约，发行机构就可以扣押抵押物，但不能要求借方做出进一步赔偿，即使抵押物的价值不能覆盖违约金额的全部价值。（借方对贷款没有个人责任。）

场外投资 没有公开宣传出售的投资，因此投资者购置资产时没有竞争或遇到的竞争较少。

经营协议 有限责任公司使用的关键文档，因为它概述了企业的财务决策和功能性决策，包括各种规则、条例和规定。它使企业所有者能以符合其特定需求的方式管理企业的内部运营。

运营公司 生产商品或提供服务、有固定业务的企业。

被动收入 从投资和其他资产中获得的收入，只需要很少努力或不需要付出努力就能获得和保持。这是税率最低的收入之一。

个人担保 个人作为公司主管或合伙人做出偿还公司贷款的法律承诺。

虚幻收入 在本书的语境中，指的是从根本不存在的资金中获得的收益。

点数 也叫折扣点数，指在成交时直接支付给贷款人的费用，通常用来换取利率的降低。

庞氏骗局 一种向投资者承诺低风险高收益的投资骗局。庞氏骗局通过吸引新投资者为早期投资者创造收益。这与金字塔骗局类似，两者都是将新投资者的资金支付给早期的投资者。

优先收益 一种利润分配偏好，指将从经营、销售或再融资中获得的利润先分配给一类股权，然后分配给另一类股权，直到达到一定的初始投资收益率。

本金 贷款或投资的原始资金，也可以指债券的面值。

私募股权 由直接投资私人公司或参与收购上市公司、导致公开上市股票退市的投资者的资金组成，属于由资本构成且不在公共交易所上市的另类投资。

私募备忘录 在公司出售股票或其他证券时提供给潜在投资者的法律文件，有时被称为发行备忘录或销售文件。

利润权益 一种基于合伙企业未来价值给予为合伙企业提供服务的个人的股东权益。报酬包括在不出资的情况下从合伙企业获得一定比例的利润。

按比例 一个拉丁术语，用来描述按比例分配。它字面上的意思是按比例分配，这意味着任何东西都将被平等分配。

公开上市股票 通过纽约证券交易所或伦敦证券交易所等公开市场买卖的股票。其发行公司往往向投资者提供购买普通股或优先股的权利。

购销协议（PSA） 互相接受报价后收到的文件。它列出了最终销售价格和所有的收购条款。

看跌期权 一种给予持有人在规定时间内以预定价格卖出或卖空一定数量的标的证券的权利而非义务的契约。这个预先确定的价格被称为执行价格。最常交易看跌期权的标的资产包括股票、货币、债券、大宗商品、期货和指数。对于房地产投资和私募股权交易投资，也可以谈判看跌期权，以防范交易失败时的资本风险敞口。看跌期权与看涨期权形成对比，看涨期权赋予持有者在期权合约到期日或到期日之前以特定价格购买标的的权利。

快速收回本金 一种投资者专注于尽快收回其初始投资本金的策略。

房地产基金 主要投资上市房地产公司提供的证券的共同基金。

房地产投资信托基金（REIT） 拥有、经营创收类房地产或为创收类房地产筹资的基金。房地产投资信托基金效仿共同基金，汇集了众多投资者的资金。它们使个人投资者可以从房地产投资中获得股息，而不需要自己购买、管理任何房地产，或者为其筹措资金。

有追索权贷款 在借方未能还款，而且标的资产的价值不足以偿还债务的情况下，可帮助贷方收回投资的贷款。有追索权贷款是有担保融资的一种形式。它允许贷方追索借方的其他没有被用作贷款抵押物的资产，或者在借方违约时采取法律行动以清偿债务。

投资收益率（ROI） 用于评估一项投资的效率或比较多种不同投资的效率的一种业绩衡量标准。总投资收益率试图直接衡量某一特定投资相对于投资成本的收益。计算总投资收益率的方法是用投资的收益（或回报）除以投资成本。结果用百分比或比率表示。

收入份额 销售商品或服务所产生的收入总额在利益相关者或出资人之间的分配。不应将它与利润份额混淆。就利润份额而言，被分成的只有利润，也就是除去成本后剩下的收入。

优先购买权 一方和另一方约定合同条款的权利。

权利金协议 合同双方之间的一种合法契约，其中一方同意向另一方支付某种费用，通常该费用基于使用或消耗资产所产生的销售总额或净收入的一定百分比。

运行率 以当前财务信息预测未来业绩的公司财务绩效。它的作用是对当前财务表现做出推断，并假定目前的状况将一直持续下去。从技术上讲，运行率也可以指公司在最近三年的年度报告中所记录的股票期权的平均年摊薄率（本书并非此意）。

A轮资金 投资于初创公司的第一笔风险资本（也称A轮融资或A轮投资）。A轮指的是所售优先股的类别。A轮融资紧跟在一家初创公司的种子轮融资之后，在B轮融资之前。

美国证券交易委员会（SEC） 一家独立的联邦政府监管机构，负责保护投资者、维护证券市场公平有序地运行，并促进资本形成。1934年由美国国会创立，是证券市场的第一家联邦监管机构。

种子轮 初创公司获得的第一轮正式股权融资。

卖方融资贷款 由卖方而非金融机构处理抵押过程的一种房地产协议。买方与卖方签订抵押协议，而不是申请传统的银行按揭贷款。又称业主融资或推迟支付。

优先债务 对公司现金流有优先债权的公司欠下的债款。也被称为优先债券，它比从属债务（也被称为次级债务）等其他债务更安全。优先债务通常以资产作为抵押物。如果公司未能履行其还款义务，贷方将获得对公司财产、厂房或设备的优先留置权。

短期资本利得税 对出售持有时间少于一年的资产所获得的利润征收的税费。设立短期资本利得税的目的是，在联邦纳税等级中，投资者支付的税率与他们支付的普通所得税税率相同。

侧挂车协议 其中一个定义是，比大多数投资者在投资某一特定投资项目或基金时获得的条款更优惠的预先商定条款的协议附录或协议。指为单个投资者或为一群投资者（更常见）改进投资的一系列特殊的增强型条款。

软件即服务 一种软件交付和授权的方式。根据这种方式，软件是通过在线订购获取的，而不是用户购买并安装在个人计算机上的。

偿债能力比率 衡量企业偿债能力的一个关键指标，潜在的商业贷款方常常会用到这个指标。偿债能力比率预示着公司的现金流是否足以偿还其短期和长期负债。偿债能力比率越低，公司拖欠债务而违约的可能性越大。

标准作业程序（SOP）在执行指定的操作时或在指定的情况下例行遵循的既定或规定的方式方法。

股票质押 以法律协议的形式将股票作为债务质押标的。借方将股票作为资产进行质押以获得贷方的资金，并承诺返还这笔资金。借方以股票质押作为债务的担保。根据法律规定，债务清偿后，贷方必须将股票返还给借方，随后协议失效。

策略叠加 综合多种非显著方法，以低风险获得更高的收益。

执行价格 在行使衍生品合约时可买卖衍生品的固定价格。对于看涨期权，执行价格是期权持有人可以购买该证券的价格；对于看跌期权，执行价格是该证券可以出售的价格。

结构 具体投资条款在一份协议中的关系。

人力资产 个人或公司对商业投资或其他项目的贡献。一般来说，这种贡献不是金钱方面的，在大多数情况下，是以付出体力劳动、脑力劳动和时间的形式出现的。通常多见于房地产和建筑行业以及企业界，特别是初创公司。

辛迪加 几个投资者将技术、资源和资本整合起来以购置并管理他们原本无法负担的产业的合作关系。

风险资本 私募股权的一种形式，是投资者向被认为具有长期增长潜力的初创公司和小型企业提供资金的一种融资方式。风险资本通常来自富裕的投资者、投资银行和其他有能力提供风险资本的金融机构。

波动率 一个给定的证券指数或市场指数的收益离差的统计度量。在大多数情况下，波动率越高，证券的风险越大。波动率通常用同一证券或市场指数的收益之间的标准差或方差来衡量。

认股权证 一种期权，赋予在到期前以一定价格买进（或卖出）某一证券（最常见的是股票）的权利（而非义务）。标的证券可买卖的价格被称为行权价格或执行价格。

财富优化 通过支持和优化财富的每一个组成部分（如健康、人际关系、目标和财务），聚焦于提高整体财富的过程。

终身寿险 覆盖受保人一生的保险。除了支付死亡抚恤金，终身寿险还包含现金价值能够累积的储蓄。这些寿险也被称为"永久"人寿保险或"传统"人寿保险。终身寿险是永久人寿保险的一种类型。万能寿险、指数万能寿险和变额万能寿险是其他几种永久人寿保险。终身寿险是最原始的人寿保险。

收益率维持费 一种提前还款罚金，它能使投资者获得与借款人在到期日支付的所有预定利息等同的收益。它规定借款人需根据预付资本支付在贷款到期之前的这段时间中的贷款利率和现行市场利率之间的差额。

致谢 ACKNOWLEDGEMENTS

  撰写本书是我做过的最鼓舞人心、最有创意的事之一。这是我过去 20 年创业和投资生涯的巅峰。在这一路上,我总结了很多经验教训,而很多人都为本书的内容做出了贡献。我非常感谢每一个参与其中的人。如果没有这样一个令人难以置信的高水平团队的帮助,我是不可能完成这本书的。

  多年来,我的几个朋友一直强烈建议我写一本书。他们的建议使我喜欢上了这个主意。感谢约翰·鲁林、约翰·凯恩、乔·弗罗曼和哈尔·埃尔罗德在写作过程中给予我的鼓舞和支持,我非常珍惜我们的友谊。感谢蒂姆·尼古拉耶夫,你影响了我对投资和用时间换金钱的看法,这对我的人生帮助很大。感谢你分享了你创造财富和购置资产的思路,这些资产可以带来收入,也是赢回时间的工具。

感谢布拉德·约翰逊、肖恩·斯帕克和莱恩·莱韦斯克一直以来对这本书的信任和支持，也感谢你们成为生活方式投资者智囊团和投资俱乐部的创始人，这两个项目为本书提供了许多原创内容。你们都是很有价值的参谋，你们为完成这本令人兴奋的书提供了额外的动力和灵感。

爸爸、妈妈，谢谢你们给了我一个充满爱和感恩的家庭，给了我自由和自主，让我成长为今天的我。你们一直支持我所做的一切，为此我非常感谢。你们让我自己做选择，让我从错误中吸取教训。你们给了我生长翅膀的空间，并让我学会了如何飞翔。我的成功归功于你们，谢谢你们一直相信我。

迈克·柯尼希斯和玛丽莎·布拉斯菲尔德，感谢你们的灵感和创意。你们拓宽了我的视野，创造了令人兴奋的氛围和环境，使我能够写下这些内容、记录我的故事。你们都看到了我的特别之处，并以前所未有的方式帮助我将它展现出来。和你们一起度过的日子，是我一生中最欢乐的时光。我不仅为能与你们合作感到高兴，还为我们在过去一年中建立的深厚友谊感到高兴。

安柏·维尔豪尔，谢谢你对我所做的一切（包括这本书以及所有的扩展附加工作）充满兴奋和信心。你一直致力于提供最高水平的服务和支持。从很多方面来说，你都是一个很棒的合作伙伴。你的职业道德是首屈一指的。我非常享受和你一起工作的每一分钟。

凯利·奥伯布伦纳及其了不起的团队，包括柯尔斯滕·塞缪尔、戴维·塞缪尔和布伦达·海尔，感谢你们的洞察力、合作精神，感谢你们对细节的关注。你们这个团队太棒了，充满了智慧和创造力。能和你们一起工作，我感到很幸运。我非常享受和你们在一起的时光，我也很欣赏你们给予这本书的智慧。

萨凡纳，是你启发了我，我在书中分享这些内容，都是为了让你在合适的时候去学习。你让我感到惊喜：你那么善于学习，你对一切都充满了好奇。没有你就没有这本书。因为你，我才知道我必须把所有想法集中在一起。我很爱你，我在等你长大，等你决定和我一起投资，我快等不及了。

詹妮弗，无论我做什么，你都一直支持着我。我前进的每一步都有你巨大的鼓励。你是我最重要的读者，你对我来说意味着一切。你一直是我坚强的后盾，你见证了我创业生涯的所有挑战和成功。你有着独一无二的洞察力。我非常爱你，能和你一起度过生命中的每一天，我满怀感激。

推荐阅读　RECOMMENDED READING

我平均每年阅读 70 至 150 本书。在我读过的所有与金钱、投资、生活方式、个人发展和个人成长有关的图书中，我认为以下 25 本书最值得推荐。以下是详细清单，供大家参考：

1. *Rich Dad, Poor Dad* by Robert T. Kiyosaki
2. *Rich Dad's Cashflow Quadrant: Guide to Financial Freedom* by Robert T. Kiyosaki
3. *Tax-Free Wealth: How to Build Massive Wealth by Permanently Lowering Your Taxes* by Tom Wheelwright, CPA
4. *Berkshire Hathaway Letters to Shareholders* by Warren Buffett
5. *The Millionaire Fastlane: Crack the Code to Wealth and Live Rich for a Lifetime!* by M J DeMarco
6. *Killing Sacred Cows: Overcoming the Financial Myths

That Are Destroying Your Prosperity by Garrett B. Gunderson

7. *What Would the Rockefellers Do? How the Wealthy Get and Stay That Way, and How You Can Too* by Garrett B. Gunderson

8. *MONEY Master the Game: 7 Simple Steps to Financial Freedom* by Tony Robbins

9. *Unshakeable: Your Financial Freedom Playbook* by Tony Robbins

10. *The Hands-Off Investor: An Insider's Guide to Investing in Passive Real Estate Syndications* by Brian Burke

11. *The Creature from Jekyll Island: A Second Look at the Federal Reserve* by G. Edward Griffin

12. *What Has Government Done to Our Money?* by Murray N. Rothbard

13. *The Almanack of Naval Ravikant: A Guide to Wealth and Happiness* by Eric Jorgenson

14. *The Bitcoin Standard: The Decentralized Alternative to Central Banking* by Saifedean Ammous

15. *The Internet of Money* by Andreas M. Antonopoulos

16. *Think and Grow Rich* by Napoleon Hill

17. *Becoming Your Own Banker: Unlock the Infinite Banking Concept* by R. Nelson Nash

18. *How Privatized Banking Really Works: Integrating*

Austrian Economics with the Infinite Banking Concept by L. Carlos Lara and Robert P. Murphy, Ph.D.

19. *Currency Wars: The Making of the Next Global Crisis* by James Rickards

20. *The Little Book of Common Sense Investing* by John Bogle

21. *Set for Life: Dominating Life, Money, and The American Dream* by Scott Trench

22. *The Intelligent Investor* by Benjamin Graham

23. *The 4-Hour Workweek* by Timothy Ferriss

24. *The Richest Man in Babylon* by George S. Clason

25. *Roths For The Rich* by Will Duffy